T0161706

COMMENT
L'ARGENT VIENT À L'ESPRIT

Étude d'une représentation polymorphe

DU MÊME AUTEUR

Sacha Bourgeois-Gironde, *La reconstruction analytique du* cogito, Paris, Vrin, 2001, 304 pages.
– *La neuroéconomie*, Paris, Plon, 2008, 220 pages.

DANS LA MÊME COLLECTION

Jean-Fabien Spitz, *Abolir le hasard ? Responsabilité individuelle et justice sociale*, 2008, 384 pages.

PHILOSOPHIE CONCRÈTE

Directeur : Jean-Baptiste RAUZY

COMMENT
L'ARGENT VIENT À L'ESPRIT

Étude d'une représentation polymorphe

par

Sacha BOURGEOIS-GIRONDE

avec

Dominique DIMIER

PARIS

LIBRAIRIE PHILOSOPHIQUE J. VRIN

6, Place de la Sorbonne Vᵉ

—

2009

© *Librairie Philosophique J. VRIN*, 2009

ISSN 1961-2648

ISBN 978-2-7116-2246-7

www.vrin.fr

INTRODUCTION

Les économistes ne parlent pas de l'argent, ils s'intéressent à la monnaie. Les sociologues parlent de l'argent, si l'on entend par là l'objet commun à l'ensemble des transactions sur le marché et qui est une incarnation spécifique de la monnaie. Quand les sociologues parlent de cet objet, ils ne cherchent pas prioritairement à savoir si telle ou telle fonction économique est bien remplie à travers ces relations concrètes, ils s'intéressent plutôt aux modalités de la relation de transaction qui révèlent un rapport à l'argent non strictement normé par la théorie économique. Pour notre part, nous sommes d'abord frappés par la manière dont l'institution monétaire, à l'instar d'autres systèmes conventionnels humains, s'est universalisée. L'artefact monétaire lui-même, l'argent, a pu se propager du fait, certainement, de son adéquation à un ensemble cohérent de capacités cognitives ou pré-cognitives humaines et pas uniquement parce qu'il venait répondre à un besoin pratique de calculs et d'échanges. La manière dont l'argent est venu à l'esprit et continue de l'occuper est l'objet premier de nos interrogations.

A travers, en particulier, notre étude des anomalies comportementales liées à l'argent – et précisément des anomalies qui se caractérisent par les modes de comptabilité incohérents ou paradoxaux que nous entretenons en l'esprit – nous pourrons constater que la relation consciente et réfléchie à l'argent est à coup sûr imparfaitement normée et émerge à l'interface de plusieurs systèmes mentaux : perception, motivation, anticipation hédonique, contrôle cognitif, capacités calculatoires, etc. Il nous a paru pertinent de chercher dans le fonctionnement et les dysfonctionnements de cette interface une explication possible du caractère polymorphe des représentations mentales liées à l'argent qui a été souligné par les psychologues et les sociologues de la monnaie, mais aussi par les moralistes.

Un des aspects tout aussi frappant que la reconnaissance partagée de la valeur monétaire est en effet la tendance à moraliser la relation à l'argent. Nous discuterons de quelques unes des transactions qui suscitent le plus immédiatement une appréciation morale négative : l'exploitation, la corruption, la marchandisation de certains biens jugés incommensurables à toute appréhension en termes monétaires. Cette appréciation morale est le plus souvent ou bien spontanée et irréfléchie ou bien étayée par des approches qui héritent d'un biais moralisateur plus qu'elles ne l'analysent. L'institution monétaire est un bien public mais l'argent est une collection de rapports privés. C'est l'inadéquation entre les mécanismes anonymes du marché et les représentations individuelles, quand bien même ces dernières dérivent en grande partie de manière endogène des interactions au sein du marché, qui suscite le débat sur une morale publique de l'argent. Il y a des attentes personnelles de justice et d'équité qui intriguent si l'on s'en tient à une lecture strictement normative du marché, ou, plus exactement, si l'on ne comprend pas que les préférences pro-sociales révélées par les comportements des individus sur les marchés renvoient à des normes de rationalité de fait plus prédictives que la maximisation de l'utilité et l'égoïsme.

Cet ouvrage rapporte les dialogues entre un philosophe de l'économie, un professionnel de la gestion du patrimoine et une étudiante en philosophie. L'idée est de créer cet écho entre les préoccupations fondamentales et les pratiques concrètes. La pratique de l'argent est, comme nous l'avons dit, affectée de biais et de représentations partielles. Les économistes comportementaux ont mis en lumière ces biais en prenant pour point de référence un modèle classique de rationalité monétaire. Pour prendre un exemple parmi maints autres possibles, pourquoi, si la monnaie est un instrument neutre et homogène, ne dépensons-nous pas de la même manière l'argent gagné à travers notre salaire et celui transmis par voie d'héritage? On ne peut s'empêcher de substituer ou de juxtaposer à une rationalité instrumentale, qui préside à la plupart de nos échanges monétaires, une dimension symbolique qui introduira de multiples sources d'hétérogénéité dans ce que les philosophes économistes des Lumières imaginaient être la vertu socialement et moralement égalisatrice de l'argent[1]. Certains pourraient être tentés de séparer théoriquement entre rationalité et ancrage symbolique de l'argent en disant que l'analyse de l'essence de la monnaie n'a à tenir compte ni des réalisations matérielles de l'argent ni de ses usages sociaux ou individuels. Mais ce n'est pas notre approche. Nous pensons au contraire qu'à travers les pratiques de l'argent s'observe une variété de projections culturelles, symboliques et identitaires, régulées socialement par des lois commerciales et patrimoniales, qui sont révélatrices d'abord, bien entendu, de l'articulation entre notre conception de l'argent et l'essence de la monnaie, mais aussi, dans une certaine mesure, de la nature de la monnaie elle-même. Keynes, le premier, en fondant son analyse de la monnaie sur des caractéristiques de la psychologie humaine, n'opérait aucune séparation entre la nature de la monnaie, son appréhension pratique et sa représentation mentale.

Les échanges qui suivent sont divisés en trois grands thèmes. Nous chercherons d'abord à nous approcher d'une définition opératoire de l'argent, à travers ses matérialisations multiples. L'objet que nous manipulons sous forme de pièces, de billets, de cartes de crédit ou de virements bancaires possède sans doute des degrés divers de virtualité, mais ce n'est pas l'essentiel. Il s'agit de réalisations variées de la monnaie, ayant leur usage ou leur pertinence propres, mais qui renvoient toutes à une même réalité abstraite, la monnaie. Nous aurons l'occasion de nous demander quelles contraintes pèsent sur les réalisations matérielles de la monnaie, si toutes sont admissibles et, sinon, ce que les modalités concrètes de l'argent doivent conserver de leur fonds commun abstrait pour demeurer, conjointement ou séparément, des moyens effectifs de paiement, des réserves de valeur et des unités de compte, selon la trilogie fonctionnelle aristotélicienne classique. Le deuxième grand thème de nos discussions portera sur les pratiques de l'argent et sur les anomalies comportementales que l'on peut souligner au regard

---

1. Voir A. O. Hirschman, « Rival Interprétations of Market Society : Civilizing, Destructive, or Feeble ? » *Journal of Economic Literature*, 20/4, 1982, p. 1463-1484.

d'une approche qui impliquerait que notre relation à l'argent soit pourvue des qualités d'homogénéité et de rationalité. Nos attitudes et nos comportements tendent au contraire à montrer que nous n'avons pas formé mentalement une unité de compte homogène et une conception instrumentale univoque de l'argent. La manière dont nous allons dépenser une somme d'argent est, par exemple, très dépendante de la manière dont nous l'avons obtenue. Nous examinerons, à travers un certain nombre de cas concrets, quelques anomalies frappantes qui affectent notre relation à l'argent et plus généralement à notre patrimoine. Le thème des discussions suivantes tourne autour de la morale et l'argent.

Pourquoi et comment l'argent est-il l'objet d'une appréhension morale si prégnante ? Les transactions de biens jugés incommensurables à des valeurs monétaires, la corruption, l'exploitation, l'inégalité de traitement salarial, la charité mal ordonnée et la dissipation de la fortune, nous répugnent moralement. Nous spéculons – sur la base tout de même d'un ensemble de données empiriques assez convaincantes – que les anomalies comportementales et les réactions morales relatives à l'argent puisent aux mêmes sources évolutionnaires. Afin de venir structurer avec succès les activités économiques humaines, l'argent, et plus largement le marché, a dû hériter de fonctions biologiques qui lui préexistaient et les recycler en vue d'applications anthropologiquement nouvelles. L'artefact culturel dans lequel consiste l'argent émerge ainsi à partir du croisement de fonctions biologiques anciennes, telles que la perception de la valeur, l'anticipation de la récompense et la motivation, le sens de la justice et le besoin de coopération entre congénères. C'est à l'interface, parfois partiellement dysfonctionnelle, entre ces différentes fonctions ou modules que nous supposons que les anomalies comportementales et les intuitions morales relatives à l'argent sont automatiquement produites. L'institution monétaire moderne, qui est le fruit tardif de cette évolution naturelle et culturelle, doit engendrer un équilibre constant entre ces automatismes éventuellement contradictoires.

RÉALITÉS INSTITUTIONNELLES

Monnaie et argent

Sacha Bourgeois-Gironde. On distingue entre monnaie et argent. La monnaie est une notion technique, rigoureuse, qui confère sa nature aux sociétés marchandes évoluées et qui doit incorporer plusieurs fonctions relativement abstraites pour que ces sociétés marchandes soient dites former des économies monétaires. Nous ne parlerons pas de la monnaie, ou alors de manière incidente, au cours de nos discussions. Nous parlerons d'argent. L'argent, toutefois, n'est pas une notion rigoureuse; c'est une appellation de sens courant, parfois confondue avec la monnaie elle-même, mais renvoyant en général et de manière très informelle et plurivoque à des matérialisations particulières de la monnaie lors des échanges ou encore à ce dont on dispose en termes de pouvoir d'achat. C'est le pouvoir d'achat qui est prioritairement en vue lorsque l'on se dit que si on avait plus d'argent on acquerrait plus de biens. La notion d'argent semble ne retenir ici de la monnaie que sa fonction de moyen de paiement en vue de la réalisation des échanges. Mais on sait aussi que si on avait plus d'argent, on serait peut-être content de ne pas le dépenser et de se dire simplement que l'on a de l'argent. Cette rétention du pouvoir d'achat rend davantage saillantes d'autres fonctions associées à la monnaie, comme le fait de constituer une réserve de valeur et une unité de compte. Les attitudes de sens commun ne font que refléter des fonctions de la monnaie, ce qui n'est guère étonnant: sans la monnaie, il ne pourrait y avoir d'attitudes qui se rapportent, plus ou moins lucidement, à des aspects fondamentaux des économies monétaires. C'est ce qu'on fait quand on manie la notion d'argent et cette manière informelle de procéder forme le sujet de nos discussions.

Dominique Dimier. Appelons donc monnaie l'institution monétaire elle-même. Il y a par exemple des sociétés sans monnaie, dépourvues d'une institution monétaire. On dira que l'argent ne circule pas dans ces sociétés, pour renvoyer par ce terme aux modalités concrètes de la monnaie. On fera donc, par souci de commodité, cette distinction entre la monnaie – qui est définie par certaines fonctions – et l'argent considéré comme la réalisation de la monnaie dans la société. N'y a-t-il pas un risque de confondre malgré tout la monnaie avec ses avatars historiques, avec ce qu'on a pu prendre dans différentes cultures comme des réalisations variables de la monnaie? Car finalement n'est-ce pas sur la base de certaines réalisations matérielles et de certaines pratiques, mettant en jeu ce que les agents considèrent informellement comme de l'argent, que l'on tentera de caractériser une économie marchande comme monétaire ou pas?

S. B.-G. Il faut prendre garde en effet à cette confusion possible. Pendant un long temps historique, l'or et la monnaie étaient des choses identiques, même si une différence finit par s'instaurer entre l'or-métal et l'or-monnaie. L'apparition du billet de banque à l'âge classique, en introduisant la dimension fiduciaire de l'argent, rend plus indépendante la monnaie d'une réalisation matérielle spécifique, même si bien entendu un billet n'est au départ qu'une promesse de métal. Sur un billet actuel de 1£ la Banque d'Angleterre s'engage à payer au porteur, sur son ordre, la somme d'une Livre. Cette inscription anachronique nous paraît relativement incompréhensible aujourd'hui. Que nous attendons-nous à ce que fasse la Banque si nous lui rapportons ce billet? À ce qu'elle nous remette un autre billet d'une Livre contre celui que nous lui remettons? Nous ne conférons plus de valeurs fiduciaires distinctes aux pièces, aux billets, aux masses d'or. Pour nous un billet d'une Livre vaut bien en lui-même une Livre. Les réalisations particulières de l'argent ne sont plus des promesses de métal, elles ne sont plus, pour ainsi dire, que des promesses d'elles-mêmes.

Gabrielle Halpern. Mais précisément, ce que l'on comprend ici c'est que la monnaie, en s'émancipant de son incarnation métallique, devient consubstantielle à d'autres réalisations matérielles. Les billets, qui n'étaient que promesses de monnaie, deviennent une forme de la monnaie elle-même.

S. B.-G. Il est difficile de distinguer entre monnaie et argent absolument, vu que l'un est souvent une manière informelle de désigner l'autre. Et l'on ne peut faire cette distinction que si, d'un côté, on place un ensemble de fonctions abstraites qui forment la définition de la monnaie et, de l'autre, des moyens de réaliser effectivement ces fonctions. Or, ce qu'on voit avec le billet de banque est la réalisation de l'une de ces fonctions. Le billet est censé introduire dans une société d'échanges la garantie que sa détention m'assure à travers le temps la même quantité de monnaie. Au départ, quand elle met un billet en circulation, d'une valeur nominale quelconque, la Banque Centrale énonce à son détenteur qu'elle lui doit quelque chose que le détenteur n'a en fait jamais déposé, sous forme de stock d'or ou autre, dans ses caisses. Donc l'idée d'une quantité de monnaie à laquelle renvoie le billet n'est autre que la valeur nominale inscrite sur le billet lui-même. La Banque inscrit cette valeur nominale à son passif, puisqu'en termes comptables il s'agit d'une dette. Le billet est devenu un objet monétaire qui ne renvoie qu'à lui-même ou, disons, qu'à la dette que contracte la Banque vis-à-vis d'elle-même en l'émettant. Cette dette circule, permet de réaliser des échanges et va s'éteindre également d'elle-même. La monnaie n'est plus dépendante d'une réalité matérielle indéfiniment durable, comme l'était l'or, parce qu'elle s'en est fonctionnellement détachée.

G. H. L'argent est périssable mais la monnaie est durable.

S. B.-G. Un billet s'use, se déchire, se détruit, et la dette qu'il représentait s'efface d'elle-même. La Banque émet un autre billet et le processus de confiance autoréférentielle – le fait que le billet ne renvoie qu'à sa propre valeur nominale et que cela suffit quand il est émis par la Banque Centrale pour que je paye et accepte des paiements sous cette forme – est automatiquement réenclenché. Donc, comme on le voit, ce n'est pas exactement cet aspect des choses qui permet de distinguer entre les deux notions d'argent et de monnaie. La Banque garantit que l'argent que j'utilise est de la monnaie et cela fonctionne parce qu'il suffit qu'elle le déclare. Mais cette question de la périssabilité des moyens de paiement est une question intéressante qui nous permet justement d'entrevoir les contraintes qui pèsent sur les réalisations matérielles de la monnaie pour qu'elles continuent à être de la monnaie. Jacques Duboin, qui avait été Secrétaire d'État au Trésor en 1924, avait proposé d'indexer la masse monétaire en circulation sur la production potentielle et de rendre cette monnaie périssable de sorte à contraindre ses détenteurs à la dépenser. Les préoccupations macroéconomiques de Duboin étaient liées au plein emploi, dans la mesure où la demande pourrait devenir égale à l'offre à un niveau tel que chacun pourrait occuper un emploi. Ce sur quoi Duboin semblait insister est précisément que la manipulation de caractéristiques fondamentales des moyens de paiement – par exemple leur durabilité ou leur périssabilité – modifierait complètement leur impact macroéconomique[1].

G. H. Duboin parlait de monnaie périssable ou de monnaie de consommation. Il part d'un constat très simple. Il observe les conséquences de la crise de 1929 et voit des paysans détruire leur récolte plutôt que de les vendre alors que des millions de personnes meurent de faim. Duboin pense alors en effet à la monnaie périssable comme à un moyen d'équilibrer l'offre et la demande. La crise économique, selon lui, provient du fait que des individus qui souhaitent des échanges ne peuvent pas les réaliser par manque d'argent. Pour Duboin cette impossibilité de l'échange provient du fait que la monnaie est fétichisée. La valeur de l'échange entre besoin et marchandise est transférée sur la monnaie elle-même. Avec la théorie de la monnaie périssable, l'argent ne peut être placé. La monnaie n'est munie que d'un pouvoir d'achat et le fait que l'argent soit périssable oblige ses détenteurs à le dépenser. À partir du moment où cet argent a été utilisé pour acheter quelque chose, il est annulé. On parle donc de monnaie périssable non parce qu'il y aurait une date de péremption (ce qui serait une autre proposition

---

1. Pour connaître l'œuvre et le projet de monnaie périssable de Duboin on peut consulter Marie-Louise Duboin, *Mais où va l'argent ?* Paris, Éditions du Sextant, 2007.

intéressante peut-être), mais parce qu'elle ne sert qu'une seule fois. De fait un équilibre se réalise entre biens produits et biens achetés, la demande est égale à l'offre. Cette solution n'a jamais été appliquée.

S. B.-G. Alfred Sauvy a tourné en ridicule cette proposition ainsi que tout un ensemble de propositions utopistes en matière d'économie monétaire. La monnaie semble, comme le travail ou la propriété, un moyen pour certains théoriciens de s'engouffrer, comme il dit, « dans les entrailles de la science économique ou sociale pour en tirer l'horoscope ». Aujourd'hui, ce sont les praticiens des systèmes de monnaie alternatifs, comme les SEL (systèmes d'échanges locaux), qui pourraient être l'objet de cette raillerie. Ces systèmes concernent quelques milliers d'individus et permettent aux personnes qui y participent d'échanger des biens, des services ou des connaissances par l'intermédiaire de chèques libellés dans une unité d'échange locale; la valeur d'un service étant comptabilisée à l'avance et fixée. Il n'en demeure pas moins que ces microsystèmes monétaires réalisent en un sens des expériences monétaires instructives. Mais il est clair également qu'ils tendent vers une conception des échanges monétaires qui exacerbent le rôle déjà problématique d'un observateur central – d'un commissaire priseur dans la tradition walrasienne – qui fixe les prix des marchandises observées et ne laisse en fait aucun rôle aux échanges eux-mêmes dans la fixation de ces prix. La monnaie est dans ces systèmes comme un moyen d'échange exogène qui ne participe en rien aux mécanismes de marché.

La fiction de la monnaie fiat

G. H. Est-ce qu'il n'y a pas un sens pourtant à chercher à concevoir une monnaie qui échapperait au système bancaire, au système légal en général, une monnaie sans garantie de l'État? On a vu que les billets de banque n'avaient plus de valeur intrinsèque en perdant leur relation à l'or, mais ne peut-on pas aller plus loin et nous demander si les billets ou n'importe quelle forme de monnaie pourraient continuer à incarner leur rôle de monnaie en perdant leur relation à l'institution et à la légalité?

S. B.-G. Oui il y a un sens à cela. Il s'agit même en réalité de la description idéale de la monnaie moderne pour la plupart des économistes contemporains de la monnaie. Ils appellent en effet une « monnaie *fiat* » (« *fiat money* ») un objet qui n'a pas de valeur intrinsèque, qui n'est convertible en rien d'autre. Ils présupposent de plus que cet objet, pour être accepté en tant que monnaie, n'a pas besoin d'un statut légal spécial. C'est un objet arbitraire dont l'efficacité monétaire ne dépend que de l'attente que les autres accepteront cet objet, bien que personne ne soit forcé de l'accepter. Autrement dit cet objet arbitraire, cette monnaie *fiat*, dans cette vision de la monnaie, n'a aucune qualité intrinsèque : ni valable en lui-même, ni doué d'un statut légal ou ontologique à part. N'importe quoi, pourvu qu'il entre dans une relation adéquate d'attentes réciproques satisfaites, suffirait à remplir socialement le rôle de monnaie. Samuelson, puis Kiyotaki et Wright, ont montré dans leurs modèles monétaires que ces attentes extrinsèques étaient suffisantes pour que la monnaie se mette à circuler[1]. Mais votre question renvoie également à un genre d'arguments et de faits anthropologiques ou historiques que les économistes ont cru bon d'utiliser pour étayer la validité du concept moderne de monnaie en pensant observer des exemples de ce genre de monnaies dans des sociétés primitives.

D. D. Parmi les monnaies primitives, et, pour le coup, exotiques, qui ont paru illustrer le concept de monnaie arbitraire, l'exemple de l'île de Yap, dans l'archipel des Carolines, joue un rôle particulier. Il y a de très rares collectionneurs des cinq types de monnaie en présence sur cette île : Mmbul, Gaw, Fe', Yar et Reng. Ce sont des monnaies de pierre. Elles ont des diamètres très variables, les plus petites mesurent trois centimètres et les plus grandes jusqu'à quatre mètres. Elles ont été transportées sur l'île de Yap à partir d'autres îles et la valeur de ces pièces dépend à la fois de la taille de la pierre et de son histoire.

---

1. P. A. Samuelson, An Exact Consumption-Loan Model of Interest With or Without the Social Contrivance of Money, *Journal of Political Economy*, 466/6, 1958, p. 467-482 ; N. Kiyotaki and R. Wright, « On Money as a Medium of Exchange », *Journal of Political Economy*, 97, 1989, p. 927-54.

G. H. L'histoire de chaque pierre est essentielle dans l'attribution d'une valeur à celle-ci. L'anecdote de l'entrepreneur irlandais dans les années 1870 qui a voulu tirer profit d'un mode de transport maritime plus efficace que les canots des habitants de l'île de Yap pour échanger avec ces derniers les pierres qu'il fournissait contre d'autres biens est, à cet égard, édifiante, vu que, la difficulté pour obtenir les pierres ayant décru, celles-ci représentaient beaucoup moins de valeur aux yeux de leurs usagers. Le mode de production de la monnaie confère ici une partie de sa valeur à l'argent. Ce qui au passage relativise l'idée qu'il s'agit véritablement d'un exemple de *fiat money*, alors que des économistes majeurs comme Keynes, Friedman et Mankiv ont pris ces monnaies de pierre comme une illustration paradigmatique du concept.

D. D. Sait-on comment les habitants de l'Île de Yap utilisaient ou utilisent peut-être parfois encore cette monnaie ?

G. H. J'ai récemment procédé à une enquête par questionnaire auprès des habitants de l'Île. Il reste aujourd'hui sur l'Île environ 6000 de ces pièces. Elles étaient échangées, et continuent de l'être, lors de cérémonies traditionnelles, comme des mariages, des hommages, des excuses publiques. Leur valeur n'est pas déterminée par la taille de la pièce mais par la difficulté dans laquelle a consisté son acheminement sur l'Île, le nombre de vies perdues durant le voyage, l'ensemble des histoires et des légendes associées à chaque pièce. Mais si l'on regarde plus généralement les données anthropologiques, il n'est pas clair que des monnaies sans valeur intrinsèque, non convertibles et circulant sans encadrement légal aient réellement existé, dans la forme pure envisagée par les économistes. Les habitants de l'Île de Yap conféraient une valeur intrinsèque à leurs meules de quartz ou du moins à l'effort qu'il fallait fournir pour se les procurer. On peut multiplier les histoires pour montrer que l'usage de cette monnaie n'était pas non plus détaché d'attentes légales. Une famille de l'île dont la pierre avait été engloutie par la mer trois générations plus tôt pouvait encore se targuer, pour faire valoir son statut social, de la possession de cette pierre, mais il n'est pas clair qu'elle ait pu engager des transactions sur la seule base de cette prétention à la possession. Il est très difficile de fournir des preuves qu'un item qui a pu être utilisé comme monnaie dans une société non moderne n'ait pas été pourvu d'une des propriétés intrinsèques (valeur esthétique, valeur de prestige, valeur talismanique, convertibilité, statut légal, etc.) qui cesse d'en faire une pure monnaie arbitraire.

S. B.-G. Les seules confirmations dont on dispose pour soutenir ce concept de monnaie *fiat* et en inférer des propriétés de la monnaie moderne sont les modèles de théorie des jeux qui cherchent à rendre compte de l'émergence et de la stabilisation de la monnaie dans une population d'agents économiques. L'intuition qui guide ces modèles de la monnaie est relativement simple. Dans le modèle le plus célèbre de Kiyotaki et Wright, un individu venant de produire un bien et cherchant à obtenir un autre bien à consommer décide d'accepter ou de refuser la monnaie en échange de son bien. Il peut comparer les coûts respectifs du troc et de l'échange monétaire. Ce coût est lié au temps de prospection nécessaire pour obtenir le bien final, tous les agents étant supposés avoir le même taux de dépréciation du futur. Chaque individu étant obligé d'échanger pour pouvoir consommer, il choisit le bien intermédiaire lui permettant d'obtenir le plus rapidement un bien utile pour lui, en l'occurrence le bien intermédiaire qui a le plus de chances d'être accepté par les autres. Un simple calcul des probabilités montre que la monnaie a plus de chance d'être acceptée que le troc de n'importe quel bien. Chaque individu le sachant, la monnaie est universellement sélectionnée comme moyen d'échange.

G. H. Il n'y a donc pas besoin d'imaginer une convention entre individus pour que l'argent s'impose dans la société.

S. B.-G. Idéalement, si l'on suit la conclusion de ce modèle influent de Kiyotaki et Wright, ce n'est effectivement pas la peine. La monnaie est sélectionnée sans que les individus n'aient besoin de passer d'accord parce que c'est le choix rationnel qui s'impose. Ce modèle idéal capture probablement un aspect important de la réalité. Mais cela ne veut pas dire qu'il n'y a pas des aspects conventionnels et des déterminations culturelles qui font qu'une monnaie donnée va être utilisée. Dans la réalité, ou dans l'histoire, ce ne sont pas n'importe quels moyens de paiement qui ont été mis en concurrence avec la poursuite du troc et la sélection de ces moyens de paiement ne s'est pas opérée sur une base a-culturelle et sans que des conventions, au départ extrinsèques au choix d'un certain artefact comme moyen de paiement, n'aient précisément guidé ce choix. L'or n'est pas devenue monnaie par hasard et on imagine bien que l'on disposait d'objets arbitraires plus commodes à mettre en concurrence avec le système du troc. Mais ce que disent ces modèles idéaux est très important : en principe on peut se passer, même si dans les faits on ne s'en est probablement pas passé et qu'il serait difficile de trouver un exemple pur de *fiat money*, d'un accord culturel préalable pour qu'une monnaie s'impose.

G. H. C'est peut-être un biais culturel d'aller chercher des exemples purs de monnaie *fiat* dans des iles exotiques. Quand, dans un pays autre que les États-Unis, on adopte pour les échanges le dollar, qui n'a pas de statut légal local, il s'agit d'un exemple de monnaie arbitraire.

S. B.-G. Il n'y a pas, à ma connaissance, d'exemples de monnaies *fiat* en Occident dans des circonstances normales, c'est-à-dire en situation de paix, de stabilité politique et d'inflation maîtrisée. Dans ces circonstances normales les gouvernements ont toujours donné à leur monnaie un statut légal. On ne voit pas de gouvernement abandonnant ses prétentions à l'encadrement légal de la monnaie sur une période durable. Le fait que le vendeur d'un bien ne peut légalement refuser un paiement dans cette monnaie est un aspect de ce profil légal. Quand on voit des ressortissants de certains pays adopter le dollar américain, ces individus profitent de l'ancrage légal du dollar aux États-Unis. Ce qu'on ne voit jamais, en revanche, ce sont, par exemple, des Brésiliens adoptant la monnaie de l'Empire Ottoman qui n'a plus de statut légal aujourd'hui. Mais selon les théories de la monnaie *fiat*, cela devrait être possible.

D. D. Les modèles de monnaie *fiat* ne sont peut-être pas aptes à décrire la monnaie en temps normal, mais rendent bien compte, semble-t-il, des monnaies d'adoption en temps de crise, comme en Argentine dans les années 2000-2001. Durant ces années-là on a vu apparaître des centaines de papiers monnaies privés, appelés *creditos*, qui n'avaient aucune réalité légale. Certaines de ces monnaies ont circulé pendant un moment, puis ces microsystèmes monétaires finissaient par s'écrouler. Ce qui contribuait à leur échec est qu'il valait mieux initier une de ces monnaies que de rejoindre un microsystème existant.

S. B.-G. On pourrait dire que lorsque la monnaie officielle s'effondre, on accepte ces monnaies privées de substitution faute de mieux. Il vaut mieux accepter ces monnaies que rien du tout. Dans l'Angleterre des années 1800, il y avait des frappeurs de *tokens* privés qui étaient munis d'une valeur nominale très faible et d'une valeur métallique encore plus faible et auxquels n'était associée aucune promesse de convertibilité. Quand un acheteur se retrouvait dans une boutique où le vendeur rendait la monnaie avec ces *tokens* ou rien, il valait mieux accepter ces *tokens* et ce système parallèle pouvait avoir une durée de vie locale assez importante. Mais ce fait, en termes de masse monétaire, est très peu significatif. De plus, on trouve aussi le phénomène opposé. Je me suis entendu dire plus d'une fois par des commerçants en voulant payer avec des pièces légales de faible valeur : « Non, ce n'est pas de l'argent ! ». Il y a un seuil significatif au dessus duquel une pièce de monnaie est considérée comme de l'argent. Ce seuil peut être franchi dans un sens ou dans l'autre dans des contextes monétaires légaux ou illégaux.

G. H. L'État pourrait intervenir pour forcer les commerçants à ne plus utiliser ces monnaies alternatives et à accepter la monnaie légale. Il ne le fait pas parce que ces phénomènes sont sans doute très marginaux. Mais peut-être que l'État a pour idée qu'il faut laisser aux agents économiques l'impression marginale qu'ils acceptent librement la monnaie qu'on leur impose.

S. B.-G. Le concept de monnaie *fiat* est utile pour comprendre non pas les cas exotiques, rares ou marginaux, mais pour comprendre le fonctionnement de la monnaie en temps normal. Le concept d'équilibre de Nash est utilisé de manière tout à fait appropriée dans ce contexte pour révéler un aspect important de la réalité. J'accepte la monnaie – en temps normal – sans penser le moins du monde à son statut légal, parce que j'ai confiance dans le fait que les autres individus l'accepteront également. Dans ces contextes, la confiance est telle qu'elle suffit à créer l'impression de l'autonomie du système monétaire vis-à-vis de l'État. Mais dans des situations inhabituelles, en temps de paix (l'euro) ou de guerre (en Irak aujourd'hui), ou durant des périodes d'hyperinflation, les gens se mettent à se demander s'ils doivent accepter ou pas une devise donnée. Alors le cadre légal devient saillant, quand la confiance est entamée et que l'habitude est rompue.

Argent et valeur

G. H. Revenons sur le problème de la convention. Il faut bien que les individus soient d'accord, libres ou contraints de l'être d'ailleurs. Si la Banque Centrale Européenne impose une nouvelle monnaie aux habitants de différents pays, ceux-ci n'ont pas le choix et devront renoncer à leur convention ancienne pour en adopter, du jour au lendemain, une nouvelle. Il y a bien une convention explicite dont on prend acte.

S. B.-G. Tout tient dans cette formule « du jour au lendemain ». La coordination dépend ici, certes, du statut légal de la nouvelle monnaie qui se met à circuler. Elle est donc munie d'une valeur intrinsèque. Ce dont on parlait auparavant ce n'était pas le choix d'une monnaie mais le choix de la monnaie comme modalité privilégiée des échanges. On n'est pas venu à la monnaie du jour au lendemain, mais on peut changer de monnaie du jour au lendemain, ou presque. Et si l'on peut le faire si rapidement, c'est notamment peut-être parce que les traits culturels d'une monnaie – en dépit de la nostalgie que l'on peut ressentir pour le franc, la lire ou le mark finlandais en tant qu'entités culturelles nationales – ne sont pas essentiels à la monnaie. En revanche, ce qui est décisif, c'est que les agents s'accordent, de fait, sur l'efficacité du moyen d'échange qu'ils adoptent et cela est indépendant du choix de telle ou telle monnaie. On aura l'occasion de discuter plus tard de la manière dont la perception de la valeur d'une pièce de monnaie n'est pas du tout sentimentale, mais dépend immédiatement du pouvoir d'achat dont elle est munie ou non. L'articulation entre convention et adoption rapide d'un moyen de paiement est plus complexe qu'on ne le pense habituellement.

D. D. Le fait que l'on perçoive si bien et si vite qu'une réalisation donnée de la monnaie est effectivement munie de valeur ne signifie-t-il pas que la monnaie n'est pas un simple instrument d'échanges entre les marchandises, mais qu'il y a un attachement propre, une forme de fétichisme peut-être, à la monnaie elle-même, à son support qui la détourne de sa fonction première ?

S. B.-G. C'est une question difficile et qui renvoie à l'idée de neutralité de la monnaie. La monnaie est dite neutre au sens où elle joue un rôle d'intermédiaire et de systématisation des échanges sans influencer les valeurs respectives des biens qu'elle permet de mettre en circulation. Ainsi la masse monétaire peut augmenter mais les prix relatifs des biens sur le marché restent les mêmes. De même la production reste constante. On peut ainsi penser que la monnaie est neutre en ceci que son introduction dans la sphère des échanges facilite ces échanges mais n'affecte pas ce qu'on pourrait ici nommer l'économie réelle. Le mythe d'une économie réelle à laquelle pourrait se surimposer une économie imaginaire, spéculative, en tout cas irréelle, est déjà ici présent en puissance dans cette idée de neutralité de la monnaie. Les travaux de Michel Aglietta et André Orléan, qui se situent dans le courant hétérodoxe de l'économie des conventions, remettent clairement et de manière convaincante en cause l'idée que la valeur, dans une société marchande, puisse être déterminée indépendamment de la monnaie. Les conceptions traditionnelles, aristotélicienne ou marxiste, de la valeur font comme si la monnaie n'affectait pas réellement l'économie, comme s'il existait une valeur intrinsèque des biens : il suffirait, comme chez Marx, de trouver la bonne équation permettant de l'extraire (chez Marx la valeur d'une marchandise est définie comme la quantité de travail socialement nécessaire à sa production) et l'irruption, économiquement neutre, de la monnaie, n'aurait aucune incidence sur ce calcul de la valeur[1]. Mais cette position traditionnelle est erronée à plus d'un titre. Un argument qu'on lui oppose classiquement est que si la monnaie est neutre, il n'y a pas de raison de redouter l'inflation, vu que l'augmentation de la masse monétaire n'est pas

---

1. M. Aglietta, et A. Orléan, *La Monnaie entre violence et confiance*, Paris, Odile Jacob, 2002.

censée affecter les grandeurs économiques « réelles ». Un argument qui nous intéresse davantage ici est de dire que la monnaie n'est pas neutre parce que c'est à elle que les individus accordent prioritairement la valeur et non pas aux marchandises que l'on peut échanger par son intermédiaire. On peut appeler cela une perversion de la valeur ou un fétichisme de la monnaie si l'on veut, ça reste néanmoins un fait. Aglietta et Orléan ont parfaitement soutenu cette position hétérodoxe en refusant de postuler que la valeur préexiste aux échanges monétaires et en affirmant que c'est la monnaie qui introduit la valeur dans la sphère marchande et non l'inverse. La monnaie rend possible l'avènement d'une sphère marchande qui n'a pas à être pensée mythologiquement comme une sorte de sophistication ou de prolongement d'une phase protohistorique d'échanges fondés sur le troc et à travers laquelle les être humains se seraient initiés à la véritable valeur des choses. La rupture opérée par la monnaie entre un monde de recherche de la coïncidence des besoins et un monde de la valeur économique généralisée est anthropologiquement radicale. Les effets de la monnaie sont l'instauration d'un langage des prix – les prix étant coextensifs à la valeur des marchandises, il n'y a pas de raison de chercher à dissocier prix et valeur en principe, à chercher une valeur en deçà des prix – et d'un moyen de paiement fluide fondé, comme le souligne Keynes, sur la circulation permanente de dettes, honorables en dernière instance par les Banques centrales.

Searle et l'argent comme fait social

G. H. John Searle, par exemple, dit que la monnaie est un objet social et qu'un objet social consiste en un acte conventionnel qui transforme un objet physique en fait institutionnel. La convention ou l'acte institutionnel sont essentiels pour qu'il y ait monnaie[1].

S. B.-G. On peut discuter de la pertinence de l'analyse de Searle des faits institutionnels et de la monnaie en particulier. Searle consacre en effet une partie importante de sa *Construction de la*

---

1. J. Searle, *La construction de la réalité sociale*, trad. fr. par C. Tiercelin, Paris, Gallimard, 1998.

réalité sociale à chercher à expliquer comment les entités sociales parviennent à l'existence. La manière dont il se pose cette question met en jeu trois notions primitives : des objets physiques X, des objets sociaux Y et des contextes *C*. Qu'est-ce qui fait que des X peuvent passer pour des Y dans des contextes *C*? La réponse de Searle tient dans l'idée que certains actes ou états cognitifs font que certains objets physiques acquièrent certaines fonctions sociales particulières. Searle prend l'exemple d'un billet de banque. X est un morceau de papier découpé et imprimé d'une certaine manière. Y est le billet, c'est-à-dire l'objet social. *C* est, par exemple, une banque. L'acte de conférer de la valeur, au sein d'une banque d'émission, à certains supports physiques suffit pour introduire l'objet social de la monnaie.

D. D. Mais que devient cette analyse quand l'argent n'a plus vraiment de support physique?

S. B.-G. C'est tout le problème. L'approche extrêmement intuitive de Searle ne capture pas de manière toujours claire l'ensemble des phénomènes dont Searle pense lui-même qu'ils tombent sous le concept de monnaie. Pour Searle les propriétés sociales « surviennent » sur les propriétés physiques, en vertu d'un acte de langage ou de pensée qui permettent cette relation de survenance dans un contexte approprié. Mais le fait est qu'il y a des objets, ou plus exactement des faits, de nature sociale, parmi les exemples mêmes que Searle donne, qui ne satisfont pas vraiment son explication en termes de survenance du social sur le physique. Il appelle en effet aussi bien monnaie les pièces, les billets de banque, que les inscriptions électroniques sur les ordinateurs de la banque. Dans ce dernier exemple que sont X et Y? On peut certes dire que la monnaie, par une décision conventionnelle, survient bien sur le support électronique. Cependant peut-on payer avec des inscriptions électroniques? On peut payer avec des supports physiques tels que les billets ou les pièces, ou avec les cartes qui modifient à distance les inscriptions électroniques de mon compte en banque en faveur d'un autre compte en banque. Mais a-t-on payé avec ces événements électroniques? La réponse à cette question n'est pas forcément tranchée.

D. D. On a payé avec une carte de crédit ou un virement bancaire qui impliquent immédiatement un enregistrement électronique.

S. B.-G. Oui, mais on doit distinguer ce que permettent de faire les pièces, les billets et les cartes de crédit (payer) et le rôle joué par des marques électroniques (enregistrer). Ces dernières représentent ou enregistrent des transactions monétaires, ce que ne font pas les pièces ou les billets qui sont de réels moyens de paiement. Searle ici semble légèrement imprécis sur le type d'objets physiques qui peuvent tomber conjointement sous X et sous Y. Cette remarque est importante parce que nous avons besoin de distinguer, quand on s'interroge, comme nous le faisons en ce moment, sur l'émergence de l'institution monétaire : i) les faits ou les événements physiques qui rendent possible l'institution monétaire et ii) les médiations physiques qu'utilise l'institution monétaire à travers les différents modes de sa réalisation. La réponse à la question de l'émergence de l'institution monétaire doit mettre en avant des faits de type (i), mais Searle, quand il fournit son schéma explicatif de la survenance du fait social monétaire sur des faits physiques, illustre plutôt son analyse par des faits de type (ii). Il est clair que ce ne sont pas des faits de type (i) qui permettent *a priori* de répondre à la question que se pose Searle. Searle veut mettre en évidence – répétons-le – une relation entre faits sociaux et faits physiques qui permet de saisir pourquoi ce que nous appelons une « banque » est un certain type d'institution abstraite qui survient sur un ensemble de faits matériels (des bâtiments, une certaine organisation physique, des guichets, des banquiers, etc.). Une banque est à la fois cette institution et le bâtiment dans lequel entrent ses clients. Ici l'ambiguïté est facile à résoudre : un certain système matériel est à la fois ce qui rend possible et réalise matériellement une certaine institution. Mais le cas de la monnaie est un peu différent et l'ambiguïté un peu plus difficile à lever. Cela vient de l'usage de la monnaie. Ce qui doit être réalisé, à travers une médiation physique, est un moyen de paiement, pas simplement le concept de monnaie ou l'institution monétaire. Le caractère *a priori* instrumental du support physique de la monnaie – et qui est inhérent à sa définition comme monnaie – complique de manière inattendue l'analyse que l'on doit donner de la relation entre faits physiques et fait social dans ce cas particulier.

G. H. Cela signifie-t-il que les monnaies qui ont des supports matériels bien nets et les monnaies électroniques ne sont pas unifiées sous le même concept de monnaie?

S. B.-G. Cela serait complètement contre-intuitif et une analyse cohérente de la monnaie en tant que fait institutionnel ne peut pas entraîner une telle conclusion. Le problème vient du fait que l'analyse de la monnaie que propose Searle pose peut-être des conditions trop contraignantes sur la manière dont une réalité physique peut se transformer en réalité sociale. Il est clair que Searle ne peut pas voir l'exemple des traces électroniques autrement que comme allant dans le sens de l'explication qu'il veut fournir des faits institutionnels. Il ne peut pas restreindre le type d'objets X pertinents à la catégorie de *moyens* pouvant satisfaire les fonctions associées à Y. Sinon il n'y a plus réellement survenance mais circularité : il faudrait restreindre la classe d'objets X à la catégorie des moyens de *paiement* potentiels. La sélection des objets X serait alors contrainte par le fait institutionnel qui est censé survenir sur eux. Echapper à cette circularité suppose d'avoir une classe ouverte d'objets X. Les objets qu'on reconnaît comme Y peuvent survenir sur des objets ou des faits physiques indépendamment de la disposition de ces derniers à constituer des artefacts qui réaliseront les fonctions dévolues au fait social sous examen. Mais si la classe est trop ouverte, la contrepartie est que l'on perd la relation instrumentale qui semble devoir intuitivement présider à la relation entre le support physique et le fait social dans le cas spécifique de la monnaie, c'est-à-dire le fait que la monnaie est un moyen de paiement.

G. H. Ne serait-il pas plus simple de dire qu'un ensemble de faits physiques variés contribue à réaliser les différentes fonctions attribuées à la monnaie et pas seulement la fonction de paiement? Il faut que le support soit discret pour former une unité de compte, qu'il y ait des enregistrements des transactions pour garder la trace des stocks de valeur individuels ou collectifs, etc. Il n'est pas surprenant, dans ce cas, qu'il puisse y avoir des difficultés locales à adapter une analyse qui vaut pour un aspect particulier du fait institutionnel au fait institutionnel dans sa plus grande complexité, mais globalement l'analyse reste valable. Des encodages informatiques sur un ordinateur d'une banque ne constituent pas en soi un moyen de paiement, ils ne sont pas une réalisation de la monnaie dans ce sens-là. Ces encodages font simplement partie des dispositifs mis en œuvre pour faciliter les échanges monétaires.

S. B.-G. La question dont nous sommes partis est celle de la place de la convention dans la mise en place et la perpétuation de l'institution monétaire. Searle fournit une réponse possible à cette question en termes d'intentionnalité collective. En dernière instance, l'émergence d'un fait social comme un gouvernement, l'Université ou la monnaie, dépend chez lui d'une intention collective des agents sociaux, c'est-à-dire de la capacité qu'ils ont de se coordonner à travers des moyens essentiellement linguistiques. L'institution du langage est, pour Searle, plus primitive que les autres faits institutionnels. On peut ainsi émettre sur ce point des critiques beaucoup plus fondamentales que sur le point technique d'analyse précédent. D'abord, nous ne sommes pas obligés de souscrire à l'idée que le langage est le fait social primitif dont dépendraient tous les autres. Ce n'est pas seulement qu'il y aurait des modes de coordination tacites, c'est surtout qu'il n'y a pas de raison de penser qu'un unique type de fait institutionnel sous-tend tous les autres. On peut adopter un pluralisme des sources de la convention. Et c'est particulièrement important en vue de l'analyse de cette réalité institutionnelle complexe qu'est la monnaie. La reconnaissance de la valeur est un phénomène qui peut relever de l'intention collective mais qui n'est pas nécessairement dépendante – ou pas dépendante en tout cas dans le sens que vise Searle d'une institution de la valeur via un acte de langage – d'un fait social plus primitif comme la communauté des significations linguistiques.

G. H. Pourtant il y a une dimension symbolique de la monnaie – le fait qu'une certaine pièce soit admise par tous comme étant une pièce d'un euro – et cela relève d'un accord qui met en jeu des représentations de nature linguistique et se réalise initialement via un acte de langage explicite par les personnes habilitées à le produire.

S. B.-G. Nous reviendrons sur ce point de la dépendance entre accord sur la valeur et accord sur la réalité symbolique de la monnaie, qui semble en effet davantage relever d'un type de convention linguistique, bien que cela n'aille pas autant de soi qu'il y paraît. Mais revenons encore sur le point plus primitif qui nous intéresse. Ce n'est pas l'instauration d'une monnaie, qui met indéniablement en cause des actes performatifs à la manière de Searle, que nous interrogeons, c'est l'instauration d'une institution cruciale dans la forme de vie économique qu'ont prise les sociétés modernes. L'apparition de la monnaie a-t-elle présupposé l'institution du langage, l'apparition de la monnaie a-t-elle supposé une convention ? De fait le langage a précédé la monnaie et a pu faciliter son émergence. De fait la présence de la monnaie est la présence d'une convention, mais les liens de dépendance ontologique, tels que Searle les envisage, et qui paraissent fournir une description *a posteriori* adéquate de la réalité sociale, ne décrivent probablement pas, même sous l'angle d'une fiction heuristique, l'instauration de la monnaie. À cet égard la fiction de Kiyotaki et Wright nous semble beaucoup plus pertinente. Ce que montre ce modèle issu de la théorie des jeux est qu'aucune convention d'arrière-plan entre agents n'est nécessaire pour qu'une convention monétaire particulière se mette en place. L'explication fournie est donc plus parcimonieuse. Elle montre que les conventions peuvent être simplement le nom de solutions rationnelles collectives à des problèmes pratiques. Mais que la solution soit collective n'implique pas ici que les agents se soient consultés, ni même qu'une solution focale qu'ils avaient tous implicitement à l'esprit ait été adoptée tacitement. Il suffit que la monnaie soit la meilleure solution à un problème d'échanges pour qu'elle soit adoptée et que les phénomènes de représentations et d'accords collectifs soient éventuellement explicités sur la base de cette coordination. L'ordre des raisons, par rapport à Searle, est inversé.

Un thème simmelien : argent et inquiétude

S. B.-G. Je reviens sur l'argent comme moyen d'échange, et non plus comme réalisation sociale de la monnaie en général. Un des thèmes que vous m'avez fréquemment indiqué dans nos discussions est l'idée de la transaction monétaire comme attente de la rencontre avec quelqu'un qui pourra me rendre en biens ou services ce que je lui fournis en argent.

D. D. Christian Arnsperger, un phénoménologue de l'économie, s'exprime dans ces termes : « c'est l'horizon de la réciprocité à travers le temps, pas nécessairement envers celui qui m'a donné l'argent, mais envers celui à qui j'achèterai à mon tour ce dont j'ai besoin – qui fonde la confiance dans le fait qu'à l'avenir il y aura là quelqu'un qui pourra me rendre sous forme de biens et de services la valeur des biens et des services que j'ai provisoirement vendus contre de l'argent »[1].

S. B.-G. Les analyses d'Arnsperger sont très riches et extrêmement fines et suggestives sur le thème de l'inscription de l'existence et de la vie mentale dans le système capitaliste. En même temps, ce qu'on peut apprécier dans l'échange monétaire c'est son anonymat. Le fait qu'en principe je n'ai pas à me soucier de l'autre est peut-être l'un des facteurs de civilisation les plus importants apportés par l'argent. Il faut sur ce point revenir à un grand classique de la philosophie de l'argent, l'ouvrage de Simmel de 1907, *Philosophie de l'Argent*[2]. Dans ce livre le sujet de Simmel n'est pas prioritairement les fonctions traditionnelles de la monnaie : moyen d'échange, réserve de valeur et unité de compte, mais, plus généralement, l'économie de marché dont le système monétaire forme une part intégrale. Il s'occupe de la relation entre les institutions de cette économie de marché, dont la monnaie, et des problèmes comme la justice, la liberté, la nature sociale de l'homme. Il commence précisément par parler de l'échange qu'il voit comme une des formes les plus primitives de la socialisation, et comme ce qui fait qu'il y a une société plutôt qu'une simple agrégation d'individus. Dans la narration idéalisée qu'il produit du passage du troc au système des échanges monétaires, il souligne le fait que le premier était si peu pratique que finissent par se développer une classe de marchands et l'institution de la monnaie. Et à partir du moment où la monnaie fait son apparition, l'échange cesse d'être une relation entre deux individus. Comme il l'explique, lorsqu'un des termes de l'échange (en l'occurrence l'argent) fourni par l'une des parties cesse d'avoir une

---

1. C. Arnsperger dans M. Drach (éd.), *L'Argent ; croyance, mesure, spéculation*, Paris, La Découverte, 2004, p. 56. Voir aussi C. Arnsperger, *Critique de l'existence capitaliste*, Paris, Le Cerf, 2006.

2. G. Simmel, *Philosophie de l'argent*, Paris, P.U.F., 1907 ; 2007.

valeur directe pour l'autre partie (contrairement au bien acheté par la première partie qui a, en principe, sauf en cas de vente forcée, une valeur directe pour elle), ce terme de l'échange, l'argent, doit consister en un titre à l'obtention d'autres valeurs indéfinies, dont la réalisation dépend de la communauté économique dans son ensemble ou du gouvernement. L'échange monétaire est plongé dans l'anonymat du fait qu'il n'est pas vrai qu'un échange monétaire consiste dans la réalisation conjointe, par les deux parties de cet échange, d'un besoin, contrairement au troc. L'échange monétaire rompt la symétrie et en cela abolit les aspects de coïncidence des besoins et de « rencontre avec l'autre » dont on affuble les économies primitives et qu'on pourrait aimer retrouver en sous-main dans l'économie moderne.

D. D. La monnaie apporte sa propre moralité, le développement de l'institution monétaire ressemble à la genèse d'un code moral ou d'un système légal.

S. B.-G. Ou même d'un système religieux. Prenons le problème de la valeur monétaire. On retrouve chez Simmel l'idée de monnaie *fiat*. En pratique, historiquement, la monnaie est susceptible d'être convertible en une commodité douée de valeur intrinsèque et cette conversion de faire l'objet d'une garantie légale, mais Simmel pense que ces aspects sont purement incidents à la nature de la monnaie. En principe, dit-il, la fonction d'échange de la monnaie pourrait être accomplie par de la simple monnaie-jeton. Contrairement aux autres choses qui ont un contenu spécifique dont elles dérivent leur valeur, la monnaie dérive son contenu de sa valeur. Et cette valeur n'est pas à son tour sous-tendue par des propriétés physiques de la monnaie mais par une garantie implicite quant à l'acceptabilité de cette monnaie fournie par la communauté. Selon Simmel cette garantie contient un élément de « foi socio-psychologique quasi-religieuse » qui doit être fondée sur une confiance dans l'organisation sociopolitique. Plus les membres de la société ont confiance dans les institutions, et dans la monnaie en particulier, plus la monnaie et l'économie de marché sont promues, ce qui entraîne un changement endogène de la nature humaine.

D. D. C'est ici qu'on retrouve le lien entre argent et liberté.

S. B.-G. La justice et la liberté individuelle sont pour Simmel inextricablement liées au développement de l'économie monétaire. La liberté implique notre capacité à agir indépendamment du caprice des autres individus. De manière presque paradoxale, la liberté est renforcée par le développement de la monnaie précisément parce que cette extension augmente la mesure dans laquelle l'individu dépend de l'activité des autres. La tendance générale de l'évolution d'une économie monétaire est de rendre l'individu de plus en plus dépendant des autres mais de moins en moins dépendant de leur personnalité particulière. Nous devenons de plus en plus dépendants de la société dans son ensemble mais de moins en moins dépendants de chaque membre spécifique de la société.

D. D. L'individualisme, qui est pensé par Simmel comme un effet corollaire de l'avènement d'une société monétaire, remplace peut-être la dépendance vis-à-vis d'autres spécifiques par un plus grand degré d'incertitude.

S. B.-G. Il est vrai que, bien que Simmel considère les mécanismes de marché qui sont sous-tendus par un système monétaire comme désirables, il pointe leurs possibles effets négatifs. Curieusement, parmi ces effets, il mentionne la perception des salaires en argent plutôt qu'en nature. Bien que les salaires sous forme de versements d'argent font passer le travailleur d'un état de servitude à un état de liberté, ils l'exposent à une incertitude et une irrégularité qui peuvent s'avérer souvent très tangibles et qui proviennent des fluctuations du pouvoir d'achat, de la valeur réelle, de l'argent. Simmel pense que la fluctuation des prix en général et l'inflation en particulier peuvent saper la confiance dans le système monétaire. De nombreuses idées de Simmel sur l'inflation trouvent leur source dans l'essai de Hume « Of Money » de 1742[1]. On ne peut pas nier, selon Simmel, que le raisonnement des économistes qui estiment qu'une augmentation arbitraire de la quantité de monnaie

---

1. Voir D. Hume, *Essays moral, political and literary,* vol. I, Edinburgh, édition de 1742; trad. fr. par M. Malherbe, *Essais et traités sur plusieurs sujets. Essais moraux, politiques et littéraires, (deuxième partie),* Paris, Vrin, 2009. Cf. aussi L. Desmedt, « L'Analyse de la monnaie et de la finance par David Hume: conventions, promesses, régulations », *Revue économique,* 59, 2008, p. 51-73.

n'est pas susceptible de remettre en cause la valeur relative des prix de manière permanente est formellement correct, mais ce raisonnement ne tient pas compte de certaines circonstances psychologiques humaines. L'état d'ajustement qui est en principe atteignable pour n'importe quelle augmentation de la masse moné-taire pourrait ne pas être atteint assez rapidement, ou ne pas être atteint du tout, faisant que l'instabilité et ses difficultés, acceptables dans une période de transition, cesseraient de l'être. L'inflation (mais aussi la déflation, dit explicitement Simmel) entame les rela-tions sociales et la confiance, parce que si la monnaie se transforme en monnaie-jeton, sans valeur nette qui lui est associée, alors aucun pouvoir humain ne peut fournir une garantie suffisante contre son mésusage. Le papier monnaie peut échapper aux dangers d'un usage perverti entraîné par une inflation arbitraire uniquement s'il est indexé sur une valeur métallique établie par la loi ou l'économie. Remettre la monnaie entre les seules mains du gouvernement (qui peut décider d'un taux arbitraire d'inflation) revient à rechercher la destruction de l'ordre social, selon Simmel.

D. D. Pourtant la monnaie n'a cessé de tendre vers une forme de « monnaie jeton » émise par l'État, perdant peu à peu toute référence métallique.

S. B.-G. Oui. D'où la fragilité d'une économie de marché monétaire et de l'ordre social qu'elle sous-tend. Il faut noter ici que Simmel lance un thème de réflexion sur l'évolution de l'institution monétaire et sa relation aux attentes et aux frustrations des individus qui forment la société et l'économie de marché qui sera prégnant dans l'école de pensée autrichienne en économie.

Argent, patrimoine et émotions

G. H. Peut-on revenir à l'argent et à sa représentation dans l'esprit des agents économiques, justement ? L'argent, par diffé-rence avec le concept macroéconomique de monnaie, est avant tout l'objet d'un certain nombre de représentations informelles que véhi-culent les agents économiques et qui se manifestent à travers des attitudes et des pratiques particulières. On peut ainsi se demander dans quelle mesure les phénomènes, et a fortiori les lois macroéconomiques, ont une influence sur les représentations que les individus se font de l'argent.

D. D. Pour Keynes l'importance de la monnaie découle essentiellement du fait qu'elle constitue un lien entre le présent et l'avenir. Dans les faits, cela pourrait se traduire en disant que j'ai confiance que, dans l'avenir, il y aura quelqu'un qui pourra me rendre sous forme de biens et de services la valeur des biens et des services que j'ai provisoirement vendus contre de l'argent. Cela induit, par conséquent, une confiance dans le système à la fois économique mais également financier. Mais on peut s'interroger, désormais, sur la capacité des marchés financiers à transmettre par les prix une information juste sur l'économie réelle. La dématérialisation des flux financiers, des places boursières, éloigne plus que jamais le financier de la valeur intrinsèque. Or, la valeur prêtée à l'argent dépend de cette éventualité de rencontrer quelqu'un dans l'échange futur. Cette crainte de la réalisation future de la transaction est profondément ancrée dans la culture de l'épargnant.

S. B.-G. C'est la préférence pour la liquidité dont il est question ici. L'argent doit être à la fois immédiatement disponible mais aussi, si possible, durable. Il oscille entre disponibilité présente et existence à plus long terme. Est-ce que l'on parvient à observer ce conflit de qualités dans la représentation de l'argent chez les épargnants et chez les clients dont vous gérez le patrimoine notamment?

D. D. Un de mes clients multimillionnaire a gardé l'habitude d'avoir sur lui d'importantes sommes en liquide. Il a coutume de dire : «La poche gauche pour les billets, la poche droite pour les pièces». Cette habitude ancienne lui vient probablement de l'époque où il a commencé à gagner confortablement sa vie. La proximité de ce numéraire le rassure. Mais au fil du temps, il a expérimenté le pouvoir que procure cette faculté de tirer de sa poche des billets. En affaire, dans le commerce, l'argent liquide est toujours apprécié. Il n'est pas une promesse, mais une réalité immédiate. Aussi, mon client depuis trente ans use chaque jour de cet exercice du pouvoir. Pour lui, exhiber les billets signifie clairement qu'on peut conclure une affaire rapidement. Dans des transactions immobilières il peut arriver qu'une partie du prix soit acquitté en argent liquide. Au-delà de la soustraction à l'éventuelle imposition fiscale, cette manière de procéder est tellement motivante qu'elle constitue un moyen pour l'acquéreur de négocier à la baisse.

S. B.-G. Vous êtes un professionnel de l'argent, vous fournissez à vos clients des services de gestion de leur patrimoine, de leur fortune. Est-ce que ces termes sont équivalents, est-ce que les détenteurs de patrimoine se voient comme détenteurs d'argent ? C'est encore, je crois, la même différence de rapport au temps et à l'actualisation que je pose ici.

D. D. Mes clients font nettement la différence et celle-ci tient dans la liquidité, c'est-à-dire dans le délai nécessaire pour réaliser son actif. L'argent, que l'on appellera capitaux dans le vocabulaire patrimonial, est constituant du patrimoine mais ne lui est pas coextensif. Sera considéré comme « argent » dans le patrimoine ce qui se rapproche le plus des fonctions de la monnaie : paiement dans les échanges, stockage de la valeur. Les trois grandes classes d'actifs sont l'immobilier, les actions et les produits de taux (obligations et monnaies). C'est dans cette dernière classe que se situe l'argent. En revanche les détenteurs de patrimoine sont des détenteurs de richesse et se voient comme tels. En termes communs, on dira de quelqu'un qu'il a de l'argent quand il en fait circuler, et sinon on dira qu'il a du bien. Il n'existe pas de définition technique de référence du patrimoine. La plupart du temps, pour définir le patrimoine on retient les biens (et les dettes). La notion de détention d'un droit est souvent omise et il convient de l'inclure. Le droit de (pleine) propriété se compose de trois droits depuis le droit romain : l'*usus*, le *fructus* et l'*abusus*. Le démembrement de propriété donne l'usufruit et la nue propriété. Ainsi la nue propriété d'un bien n'est pas un bien mais un droit constitutif du patrimoine. Le bien qui disparait par son usage (du vin par exemple) est désigné sous le terme de consomptif.

S. B.-G. La relation d'un individu à son propre argent passe par des médiations institutionnelles, comme la gestion de fortune pour certains et comme les banques pour la plupart. N'est-ce pas une dépossession de leur argent pour les individus, une manière de leur dire qu'ils l'ont gagné, par un moyen ou un autre, mais qu'ils ne savent pas vraiment quoi en faire ?

D. D. Les gens viennent nous voir avec des idées plus ou moins préétablies sur leurs choix de placements ou d'investissements, mais d'autres, les professionnels, sont plus renseignés qu'eux. Il s'agit naturellement d'une relation de confiance entre nous, mais avant tout cette relation doit être construite sur une sorte de déférence épistémique de la part des individus qui nous confient la gestion de leur argent. Cela signifie que la confiance n'est pas aveugle mais émane de la croyance en notre compétence. Une période de crise financière remet facilement en cause cette croyance. Mais c'est le même problème, au fond, que le fait de confier ses enfants à des institutions d'éducation, publiques ou privées. Il faut avoir confiance. On a confiance sans avoir, le plus souvent, de croyances bien claires sur la nature, la portée et les limites de ces actes de délégation. On peut s'étonner, comme vous le faites, car ce qu'on remet entre les mains de professionnels de l'argent et de l'éducation est, dans les deux cas, un prolongement très immédiat de soi, par la procréation ou par la production de richesse. Or, la plupart des gens s'en remettent à des institutions sans plus y réfléchir. Il faut dire que c'est le rôle des institutions de seconder les individus dans des aspects essentiels de leur existence et le plus souvent ces derniers ne cherchent pas spécialement à contrôler et remettre en cause ces solutions collectives pratiques. Dans le métier que j'exerce, en revanche, les personnes munies d'une fortune considérable sont de fait plus articulées dans leur relation à l'argent que le reste de la population dans leur rapport au système bancaire.

S. B.-G. On peut aussi interpréter leur plus grande implication dans la gestion de leur argent comme un plus grand souci pour leur futur. Il y a des agents économiques plus lucides que d'autres, cela ne coïncide pas nécessairement avec leur degré de richesse, mais cela est sans doute corrélé à la manière dont ils ont acquis leur niveau de richesse et ont cherché à rendre plus informée, plus flexible et plus inventive leur relation à l'argent. Keynes mettait au cœur du système économique capitaliste la relation entre monnaie, incertitude et méconnaissance du futur. Indépendamment de Keynes, et à la même époque, Myrdal explore les relations entre monnaie, temps et émotions[1]. Il est probablement le premier économiste à fonder sa théorie sur la construction imaginaire par les individus d'un futur inconnu. Lorsqu'il discute le concept d'équilibre (entre l'offre et la demande), Myrdal soutient que la monnaie, détruisant par la force des choses le système de troc, détruit en même temps cet état de connaissance partagée où chacun connait les besoins des autres et où les planifications des actions des agents économiques sont réciproquement anticipées. L'apparition de la monnaie est avant tout la disparition d'un savoir social au présent. La monnaie est échangée contre des promesses de monnaie ultérieures. La monnaie implique l'incertitude parce qu'elle permet de différer des décisions, et ces décisions différées sont par définition inconnaissables. La monnaie introduit donc l'ignorance mutuelle.

D. D. Ces analyses rejoignent certains aspects de notre pratique courante. Il n'est pas faux de penser que nos clients veulent en partie se débarrasser de l'incertitude concernant le futur en nous remettant la gestion de leur réussite patrimoniale passée. Leur démarche correspond certainement en partie à une stratégie de blocage émotionnel délibérée, à la réintroduction d'un état placide pour eux dans la considération de leur argent.

S. B.-G. L'argent n'a pas été systématiquement étudié comme un objet à travers lequel nous manipulons nos propres émotions. L'envie, la cupidité, ou d'autres dispositions du même type, sont des émotions morales souvent mises en avant pour caractériser des attitudes vis-à-vis de l'argent, mais elles ne rendent pas compte des émotions occurrentes qui constituent notre relation affective au futur.

D. D. En effet, l'anxiété, la crainte, la confiance, l'optimisme peuvent accompagner les placements financiers et aider à détourner la vie mentale du détenteur d'un patrimoine de possibles émotions, elles, orientées vers le passé, comme la dépression, la morbidité, la culpabilité de s'être montré financièrement futile, etc. En réalité, on peut penser que certaines personnes cherchent à fuir ces deux sortes

---

1. Voir G. Myrdal, *L'Equilibre monétaire*, traduit de l'anglais par B. Marchal, Paris, Médicis, 1950.

d'émotions à la fois, celles orientées vers le passé et celles orientées vers le futur, pour atteindre une sorte de quiétude dans leur relation à l'argent, tandis que d'autres combattront des émotions morbides par des recherches d'investissement et un attisement des émotions orientées vers le futur. On trouve tous ces profils psychologiques et le jeu sur les émotions devient donc un facteur crucial dans la bonne relation entre le gestionnaire de fortune et son client.

S. B.-G. Ces clients demandent à être renseignés sur leur futur, à être protégés contre des aléas économiques (l'érosion monétaire par exemple) du mieux possible. Comment est-il possible de répondre positivement à cette quête largement irréaliste?

D. D. Il y a des placements plus sûrs que d'autres, heureusement, et nous savons les distiller en fonction des attentes émotionnelles ou plus raisonnées de nos clients.

S. B.-G. Il faut être à l'écoute de signaux fiables du marché, comme si l'on pouvait appréhender des probabilités objectives sur ses évolutions futures. Or, c'est tout le point de l'approche de Keynes sur l'incertitude, notamment, de souligner que nous n'avons aucun accès épistémique, à travers des signaux passés ou présents, à des distributions de probabilités futures. C'est ce qui fait que les investisseurs, les décideurs économiques en général, sont contraints, soit d'éviter de choisir entre les deux branches des alternatives qu'ils rencontrent, parce qu'ils n'ont pas d'indices fiables sur leur valeur, soit de suivre, comme dit Keynes, leurs «esprits animaux», leur instinct en somme, en réduisant délibérément l'horizon temporel de leurs prises de décision.

D. D. Cette décision pour le futur, prise dans l'incertitude totale et guidée par des heuristiques ou des états émotionnels fixés sur le présent, n'est pas pour autant dépourvue de subtilités et de prises de précaution. L'analyse des signaux passés du marché ne réduit sans doute en rien l'incertitude elle-même, mais elle incite à la planifi-cation contre la vulnérabilité de certains actifs. L'assurance est une réponse possible, la diversification financière, une autre. Il faut voir aussi que la conception du marché comme essentiellement incertain, au sens où une connaissance de ses états futurs n'est pas possible, peut aller de pair avec une conception de la vie financière comme une suite de décisions routinières. Il y a un certain nombre de solutions habituelles qui s'offrent à nous et pour lesquelles nous faisons l'hypothèse tacite d'une uniformité et d'une constance de la « nature » à travers le temps. Les intervalles de temps sur lesquels nous opérons montrent le plus souvent peu de dissemblance. Une fortune peut traverser plusieurs générations, des crises financières majeures, et rester intacte. Ce n'est pas toujours le cas, bien sûr, et cela dépend des décisions prises dans les moments critiques. Mais la plupart du temps, le travail de la gestion de fortune, celui qui instaure la confiance, ce que recherchent avant tout les détenteurs de cet argent, consiste à atténuer la crainte du futur, et non pas à chercher à changer la nature probabiliste des choses.

ANOMALIES COMPORTEMENTALES

Argent et états hédoniques

S. B.-G. Je vais commencer par relater une expérience. Dans cette partie de nos discussions il sera beaucoup question de données expérimentales. Ce qu'on sait sur la relation à l'argent a été considérablement enrichi par les travaux menés ces vingt ou trente dernières années sous l'angle de l'économie expérimentale, de la psychologie économique et, plus récemment, par quelques expériences en neuro-économie qui peuvent jeter un éclairage sur la nature de la monnaie. Ces expériences peuvent servir à remettre en cause les conceptions monétaristes traditionnelles, ou à les affiner, ou alors, différemment, à étayer ou à rejeter une conception de sens commun ayant trait à l'argent. Un des lieux communs les plus répandus concerne la relation complexe de l'argent au bonheur. Le sens commun sur ce point est très ambigu mais il penche généralement vers l'idée que l'argent ne permet pas d'acquérir le bonheur. Ce qu'on veut dire par là n'est pas toujours très clair. Il y a peut-être des biens incommensurables, non quantifiables. Mais c'est un autre aspect de la question de la relation entre argent et bonheur dont il va être question ici : est-ce que la possession de l'argent est associée à des états hédoniques accrus? Une série d'expériences menées par Xinyue Zhou et ses collègues suggèrent que le fait de manier de l'argent est susceptible d'atténuer la douleur physique [1].

---

1. X. Zhou X., K. Vohs and R. Baumeister, « The Symbolic Power of Money », *Psychological Science*, 20, 2009, p. 700-706.

Des recherches précédentes avaient montré que l'exclusion sociale et la douleur physique partageaient des circuits neuronaux[1]. On peut facilement expliquer cela en termes évolutionnistes. Pour traiter de l'exclusion sociale – qui peut signifier une menace sur la survie d'un individu – le cerveau utilise les mécanismes de traitement de la douleur physique. Le message que l'on peut tirer de cette observation n'est pas simplement que la douleur liée au rejet social engendre, littéralement, une douleur physique, ce qui peut être vrai. Il s'agit plutôt de comprendre que pour traiter de l'exclusion sociale le cerveau utilise un système d'alarme très puissant et très sensible, ce qui confirme l'idée de l'importance vitale de l'intégration sociale d'un individu. Or, la douleur liée à l'exclusion sociale peut être modulée par la présence de l'argent. Vohs, dans une étude de 2006, avait montré que le simple fait de penser à l'argent suscitait des sentiments de bien-être et d'autonomie personnelle, tendant à apaiser le malaise lié à l'exclusion sociale. Plus positivement, la pensée de l'argent renforce l'indépendance sociale et les sujets des expériences de Vohs, chez qui on avait favorisé ces pensées, comptaient moins sur l'aide des autres dans une tâche qu'on leur proposait, mais offraient également moins leur aide[2]. Sur cette séquence expérimentale – c'est-à-dire à une échelle d'observation très restreinte et dont le but est de faire apparaître des micro-comportements – on observe précisément cet effet qu'on a déjà évoqué à une échelle macroéconomique selon lequel l'introduction de l'argent avait tendance à destituer les relations humaines de proximité. Ce que propose Zhou est une démonstration encore plus directe que l'argent, la douleur physique et l'exclusion sociale, sont liés les uns aux autres.

Zhou a procédé à trois paires d'expériences dans le but de répondre aux trois questions suivantes :

– Est-ce que l'exclusion sociale et la douleur physique augmentent le désir de l'argent ?

1. Voir S. Bourgeois-Gironde, *La Neuroéconomie*, Paris, Plon, 2008.
2. K. Vohs *et al.*, « The Psychological Consequences of Money », *Science*, 314, 2006, p. 1154-156.

– Est-ce que l'argent peut atténuer la douleur, physique et émotionnelle ?

– Est-ce que perdre de l'argent peut intensifier ces sensations ?

La réponse est à chaque fois affirmative.

Nous pouvons donner une idée générale du design expérimental utilisé par Zhou et ses collègues. Pour la première question, les expérimentateurs ont regroupé leurs sujets par groupes de quatre, leur laissant le temps de faire connaissance, puis les ont répartis dans des cabines individuelles. À ce moment-là les sujets s'entendaient dire qu'ils n'avaient été choisis par aucun des autres participants pour être partenaire d'un jeu à deux. Dans un groupe contrôle les participants s'entendaient dire au contraire qu'ils avaient été choisis par tous les autres. À la suite de cette manipulation qui est supposée susciter de vifs sentiments d'exclusion sociale, le désir du participant pour l'argent était mesuré de diverses manières, dont, par exemple, son désir de faire une donation à un orphelinat. Dans tous les cas où les sujets avaient fait l'expérience amère de l'exclusion sociale, le désir pour l'argent était plus élevé (traduit ainsi par une absence de donation aux orphelins) que pour ceux qui avaient été l'objet d'une bonne intégration sociale.

Dans la seconde expérience, on suggérait chez la moitié des sujets l'idée de douleur physique, à travers une simple tâche d'exposition à des mots provoquant cette association d'idée, tandis que l'autre moitié était exposée à des concepts neutres. Cette simple suggestion de la douleur tendait à augmentait le désir de l'argent.

La dernière série d'expériences visait à se demander si l'argent peut atténuer la douleur. Dans l'une des conditions expérimentales, on demandait aux sujets de compter 80 billets de 100 dollars pour évoquer chez eux le désir d'obtenir de l'argent, tandis qu'un autre groupe de sujets comptait 80 morceaux de papier, sous le prétexte, à chaque fois, de mesurer la dextérité des sujets. Ces sujets étaient ensuite invités à jouer à un jeu sur écran d'ordinateur, le Cyberball. Dans ce jeu extrêmement simple les sujets voient deux personnages se lancer une balle. Un troisième personnage sur l'écran est l'alias du sujet lui-même. Il peut participer au jeu, à condition qu'on lui passe la balle. Dans certains cas les autres personnages, dont on lui dit qu'ils sont en réalité des partenaires humains dans une autre cabine jouant au même jeu que lui, ne lui passent pas ou, pire, cessent de lui passer la balle. Après ce jeu on interrogeait les participants sur leur état d'esprit. De manière désormais attendue, ceux qui avaient compté des billets avant la séance de Cyberball ressentaient moins de détresse sociale du fait d'avoir été exclus du jeu, et maintenaient un niveau d'estime de soi plus élevé que ceux qui avaient compté du papier.

Zhou propose toutes sortes de variations expérimentales afin d'observer les liens entre argent et douleur. Dans l'une de celles-ci, reprenant la même phase de suggestion qui contraste le décompte de billets ou de morceaux de papier, l'expérimentateur versait de l'eau très chaude sur les doigts des participants. Ces derniers reportaient des degrés de douleur moindres quand ils avaient compté des billets. Inversement quand on leur avait demandé de penser à des pertes monétaires, ils devenaient plus sensibles à la douleur.

Cette série d'expériences, très simples dans leur esprit, nous amènent à réfléchir sur les liens, biologiquement ancrés, entre argent et vulnérabilité ou, au contraire, sentiment d'invulnérabilité. La possession de ressources financières semble diminuer la douleur, qu'elle soit physique ou morale, provoquée par l'exclusion sociale. Ce qui est particulièrement frappant à travers cette série d'expériences est que l'argent y était simplement manipulé, qu'il n'était pas donné au sujet, qu'il n'avait pas pour vocation d'augmenter effectivement son pouvoir d'achat. Plus encore, la simple représentation d'un gain ou d'une perte monétaire module mon état de plaisir ou de peine.

D. D. Sur un point connexe et à une échelle beaucoup plus agrégée, l'article célèbre de 1974 par Richard Easterlin[1] pose la question simple de savoir si les personnes les plus riches sont aussi les plus heureuses. Il y a bien une corrélation positive entre richesse et bonheur, mais cette corrélation est vraie au sein d'une population donnée et pas entre diverses populations dont les niveaux de richesse sont pourtant très différents. Les niveaux de bonheur

1. R. A. Easterlin, « Does Economic Growth Improve the Human Lot? », *in* P. A. David and M. W. Reder (éd.), *Nations and Households in Economic Growth : Essays in Honor of Moses Abramovitz*, New York, Academic Press, Inc., 1974. Et pour une remise en cause de la position de Easterlin, voir B. Stevenson and J. Wolfers, « Economic Growth and Subjective Well-Being : Reassessing the Easterlin Paradox », *IZA Discussion Papers* n° 3654, 2008.

mesurés dans différents pays ne covarient pas avec le PIB de ces pays. Les déclarations sur ses états hédoniques ne semblent donc pas dépendre d'un niveau de richesse absolu mais de comparaisons interpersonnelles au sein d'un groupe de référence. Ce qu'Easterlin pense observer, plus précisément, est qu'une fois que les besoins essentiels sont assurés, il n'y a plus de relation entre augmentation de la richesse et du bien-être ; cette non-corrélation a été appelée le paradoxe d'Easterlin.

S. B.-G. À ceci s'ajoute le phénomène psychologique connu sous le nom du « *hedonic treadmill* » (le « tapis roulant hédonique »). Cette expression avait été avancée par Brickman et Campbell dans les années 1970[1]. Elle renvoie au fait que, bien que des événements extérieurs modifient incessamment notre vie et les buts que nous nous assignons, le bonheur est un état relativement constant. Notre situation peut empirer ou s'améliorer, nous tendons à reporter les mêmes niveaux de bonheur. Ces états hédoniques, comme nous l'avons dit, ne sont en effet, que faiblement corrélés avec le revenu, les loisirs ou la santé. Cette idée a été appliquée par ces auteurs à différentes conditions humaines qui impliquent de manière flagrante des niveaux variés de bonne ou de mauvaise fortune. Les vainqueurs de la loterie, par exemple, rapportent le même niveau de satisfaction hédonique une fois qu'une période d'euphorie est passée. De manière similaire, à l'occasion de l'une de leurs enquêtes, des paraplégiques reportaient des niveaux de bonheur plus faible que la moyenne durant les deux mois qui suivaient leur accident, mais revenaient ensuite à la normale. En comparant ces deux populations de personnes atteintes par une bonne ou une mauvaise fortune extrêmes avec un groupe de sujets contrôle, on s'aperçoit que les niveaux de bonheur ne varient pas de manière significative entre ces groupes.

---

1. P. Brickman and D. T. Campbell, « Hedonic Relativism and Planning the Good Society », *in* M.H. Apley (ed.), *Adaptation Level Theory: A Symposium,* New York, Academic Press, 1971, p. 287–302.

D. D. On pourrait expliquer ce phénomène en soulignant la complexité du phénomène d'adaptation hédonistique. D'un côté le gain de la loterie est un événement extrêmement positif qui va augmenter les exigences habituelles de satisfaction, rendant des événements ordinaires moins satisfaisants qu'ils pouvaient l'être auparavant. La détention d'une nouvelle somme d'argent considérable va ouvrir de nouveaux plaisirs, bien qu'évidemment ce ne soit pas systématiquement le cas que ces gains exceptionnels modifient radicalement les comportements des personnes. C'est dans le mélange entre des anciens plaisirs maintenant rejetés (et paradoxalement regrettés) et l'afflux de nouvelles distractions que s'opère un rééquilibrage hédonique à la suite d'une fortune soudaine. Le même raisonnement peut s'appliquer à la sphère des pertes et dans le cas des paraplégiques. À présent les activités qui étaient autrefois ordinaires deviennent extrêmement valorisées. Mais en même temps les personnes s'habituent à leur nouvelle condition et finissent par réduire les émotions négatives qu'elle leur provoque.

S. B.-G. Cette élasticité du bonheur est très dépendante de la définition que l'on se donne de celui-ci. S'il s'agit de la satisfaction hédonique, telle qu'elle comprend le sentiment de joie, la détente, le contentement, l'oubli du temps qui passe, l'absence de problèmes personnels, de soucis, on peut penser que l'élasticité des états hédoniques est avérée. C'est beaucoup moins sûr si l'on adopte une conception plus substantielle du bonheur et que l'on parle non plus des états hédoniques, mais des états eudémoniques. Ces états sont des perceptions d'étapes dans la poursuite par le sujet de la réalisation de sa personne. Ils sont liés à des activités à travers lesquelles l'individu considère qu'il développe ses propres capacités ou accomplit des buts qu'il a définis comme centraux dans son existence. Il n'est pas du tout certain que ces états eudémoniques soient soumis à une élasticité de satisfaction comme le sont les états hédoniques, bien qu'ils puissent l'être aussi à leur manière. La poursuite d'un but, même substantiel, et sa réalisation peuvent finir par ennuyer certaines personnes. De plus, la séparation entre les deux états n'est pas parfaitement claire du fait que des objets de même type peuvent avoir un impact conjoint sur ces deux sortes d'états. L'argent, précisément, peut être défini, pour des raisons plus ou moins profondes et morales, telle n'est pas vraiment la question ici, par une personne comme l'un de ses buts substantiels. Son obtention progressive donnera lieu probablement à une fluctuation hédonique habituelle, mais en même temps satisfera, à un niveau plus profond, les aspirations de cette personne. Une question difficile de psychologie morale est de savoir ce qu'est cette satisfaction profonde accompagnée d'une fluctuation permanente du plaisir et d'un retour constant à la normale de satisfaction. Ce problème se pose particulièrement dans le contexte des gains et de l'accumulation de l'argent au cours de la vie.

Le caractère polymorphe de l'argent

D. D. On l'a vu, même pour les personnes les plus avisées et soucieuses de la gestion de leur fortune, l'argent ne semble pas un concept bien unifié. Sa conceptualisation peut changer d'un individu à l'autre et pour un même individu donner lieu à une représentation éclatée. Si l'on se place à une échelle historique, la monnaie a pris des formes si distinctes entre elles, qu'on peut se demander si les individus avaient de toute façon une quelconque chance de s'en former une idée précise. Pourtant, d'un autre côté, il semble qu'on sache parfaitement et sans hésitation reconnaître l'argent de ce qui n'en est pas et qu'on peut difficilement tromper quelqu'un, même un profane, à ce sujet. Comment envisager cette apparente dissociation entre concept imprécis et reconnaissance immédiate ou assurée?

S. B.-G. Les travaux sur la catégorisation de l'argent permettent d'apporter un élément de réponse à ce paradoxe apparent. Des travaux comme ceux de Kaufman soulignent que la reconnaissance d'une incarnation quelconque de la monnaie comme tombant bien sous le concept de monnaie met crucialement en jeu le rôle de la convention[1]. La conventionalité forme l'essence de la monnaie et on peut donc la définir comme la confiance qu'ont les individus dans la possibilité de l'échanger parce qu'une convention concernant

---

1. G. Kaufman, *Money, the Financial System, and the Economy*, Chicago, Rand McNally, 1973.

un certain objet est établie. Cette convention peut se décliner plus précisément, comme le propose Kaufman en i) l'acceptation de la monnaie comme moyen d'échange, ii) comme réserve de valeur et iii) comme critère général de valeur, c'est-à-dire comme pouvant être échangée contre n'importe quel autre bien. Il n'est pas du tout évident qu'un même support doive ou puisse posséder conjointement l'ensemble de ces propriétés. Ou alors une même entité monétaire peut posséder ces propriétés de manière graduelle et variable. Un billet de 5 euros est un moyen d'échange commode et communément accepté, mais en période d'inflation ce n'est pas une excellente réserve de valeur. De même le rôle de la confiance dans l'acceptation d'une monnaie n'est pas très clairement défini. On peut penser, d'un point de vue normatif, qu'il n'y a pas de monnaie sans confiance des individus dans le caractère échangeable du moyen de paiement qu'ils utilisent. Toutefois, la forme et le degré que doivent prendre cette confiance pour que les échanges monétaires prennent place sont rarement spécifiés.

G. H. C'est exactement ce qu'on peut entendre par le polymorphisme d'un concept. C'est une expression issue de la philosophie du langage ordinaire et plus particulièrement de la phénoménologie linguistique des années 1950 en Angleterre. Des concepts comme « jeu », « pensée », « langage » n'ont pas de frontières précises. On les applique au cas par cas avec un degré généralement élevé de certitude mais sans pouvoir fournir de critères de cette application. Les cas auxquels ils s'appliquent ont entre eux des « ressemblances de famille » qu'on n'est pas en mesure d'expliciter mais qu'on reconnaît sans difficulté. Ryle disait dans « Thinking and Language » qu'il n'existe pas pour les concepts polymorphes de conditions suffisantes et nécessaires de leur usage[1].

S. B.-G. La psychologie expérimentale a repris cette idée et montre certaines propriétés bien établies des ressemblances de famille au sein de catégories données. Rosch et Mervis montrent ainsi que, pour des catégories mal définies, comme peut-être la catégorie « argent » ou « monnaie », les individus sont capables

---

1. G. Ryle, « Thinking and Language », *Proceedings of the Aristotelian Society, Supplementary*, 25, 1951, p. 79-80.

d'évaluer le caractère « typique » de l'appartenance d'un item à cette catégorie et que ces évaluations ont un degré très élevé de recoupement interindividuel[1]. Les gens auront tendance globalement à être d'accord sur le fait qu'un poste de télévision rentre moins nettement dans la catégorie « meuble » qu'une table ou qu'une chaise. Plus une instance est typique, plus la réponse à la question de savoir si elle appartient à une catégorie donnée sera rapide. Il prend moins de temps pour répondre à la question de savoir si un rouge-gorge est une sorte d'oiseau que pour la même question au sujet de l'oie ou du dindon. On peut imaginer que les individus ont formé en l'esprit un archétype de la catégorie et que la comparaison et les associations entre l'item interrogé et cet archétype sont plus ou moins immédiates. Enfin, à l'intérieur d'une même catégorie, les individus sont capables d'établir des relations de proximité variables. « Vache » et « mouton » sont plus proches entre eux qu'ils ne le sont de « lion ». Sur la base de ces acquis méthodologiques pour interroger la subsomption d'une instance sous une catégorie, Snelders et ses collègues ont cherché à savoir ce qui formait le noyau dur de la catégorie « monnaie » et ont étudié la nature de son polymorphisme. L'étude qu'ils ont menée revêtait par ailleurs une certaine dimension transculturelle du fait qu'ils ont interrogé des groupes d'individus dans des communautés attachées à des habitudes et à des institutions financières différentes.

D. D. Il s'agit donc ici d'une étude sur les représentations économiques, ou sur la structure psychologique, mentale, éventuellement constante à travers des organisations sociales et monétaires différentes, qui sous-tend l'usage du concept de monnaie. Il y a un ordre de priorité conceptuelle qui reste donc indéterminé ici. Avons-nous une idée de cet ordre? Les institutions monétaires engendrent-elles des représentations spécifiques de l'argent, ou le concept d'argent trouve-t-il à se réaliser dans des institutions particulières, plusieurs types d'organisations sociales et financières pouvant refléter une représentation polymorphe?

---

1. E. Rosch and C. B. Mervis, « Family Resemblances : Studies in the Internal Structure of Categories », *Cognitive Psychology*, 7, 1975, p. 573-605.

S. B.-G. Le caractère endogène des représentations et des comportements économiques aux institutions humaines est la thèse la plus naturelle. Par ailleurs, les psychologues de l'économie ont tendance à adopter le point de vue selon lequel la structure interne d'une catégorie naturelle reflète la structure corrélationnelle réelle entre les objets qui concrètement font partie de cette catégorie. Si cette idée, qui vaut pour les catégories naturelles, vaut pour la monnaie, cela signifie qu'il n'y a pas de critères universels, dérivés normativement d'une théorie donnée, qui s'appliqueraient uniformément dans toutes les situations historiques et géographiques. Même si l'on retrouve des traits communs à l'ensemble de ces situations – comme l'évidence d'une adoption collective conventionnelle de la monnaie – cela ne signifie donc pas que le critère théorique de la monnaie comme mettant en œuvre un accord conventionnel soit un critère déterminant en vue de la catégorisation d'un certain objet en termes de « monnaie », même si de fait on va trouver, par la force des choses, que ce qui est perçu comme « monnaie » ou « argent » par les individus est ce qui est conventionnellement adopté par les individus comme tel au sein d'un groupe.

D. D. Qu'est-ce que ces études ont montré sur ce que les gens avaient tendance à considérer comme tombant typiquement sous la catégorie "monnaie" ou "argent" ?

S. B.-G. Ces études ont bien montré que le concept de monnaie pouvait être décrit comme polymorphe, au sens de Ryle. Ses propriétés psychologiques ressemblaient fortement à celles d'autres catégories, en particulier des catégories naturelles, qui ont été étudiées selon les critères de mise en évidence d'un tel polymorphisme. Les recoupements intersubjectifs, les vitesses de réaction des réponses concernant un item donné et, surtout, les relations de correspondance variables à l'archétype au sein d'une même catégorie, ont confirmé le polymorphisme de la monnaie. De manière attendue l'argent liquide est plus aisément catégorisé comme monnaie tandis que des items comme des timbres-postes et des diamants sont moins aisément conçus comme des instances de monnaie. Il se trouve que ce qui est le plus souvent catégorisé comme « monnaie » est aussi ce qui est le plus largement, sur la base de l'expérience quotidienne, accepté comme monnaie. Les billets et les pièces, qui forment le noyau de la catégorie « monnaie », sont aussi les items monétaires qui ont une valeur légale, leur acceptabilité ayant force de loi. Ce sont aussi les items qui, au cours de la vie d'un individu, sont le plus longuement associés avec l'idée de l'argent. D'autres facteurs influant la catégorisation de la monnaie sont, de manière intéressante, la valeur de l'item et sa relation au système bancaire, pour le dernier facteur, surtout en Angleterre.

D. D. Est-ce que les fonctions habituelles de la monnaie jouent un rôle dans la classification d'un objet sous cette catégorie ?

S. B.-G. Si l'on prend la fonction de réserve de valeur, en particulier, on voit, comme on vient de le dire, que la valeur est une dimension importante. Mais les choses se compliquent sur ce point et l'on observe ici une véritable source de polymorphisme du concept de monnaie. La valeur est un facteur décisif de classification d'un item comme relevant du concept de monnaie, mais les éléments de durabilité et de divisibilité, formant analytiquement partie de la notion de « réserve » de valeur (aussi bien peut-être que de celle d'unité de compte) ne semblent pas pertinents en vue de cette classification. Des objets comme l'or et le diamant, qui sont considérés comme de bonnes réserves de valeur, se situent néanmoins à la périphérie de la catégorie d'argent.

G. H. Le rôle de la convention est-il donc plus central que celui de valeur dans la représentation ordinaire de la monnaie ? Les diamants et l'or, dont on est sûr qu'ils ont de la valeur, sont beaucoup moins nettement perçus comme de l'argent que les billets et les pièces, dont on sait en revanche qu'ils seront généralement acceptés dans les échanges quotidiens.

S. B.-G. Une définition de la monnaie qui se baserait sur l'étude de la représentation mentale de l'archétype tendrait à dire quelque chose d'assez tautologique : l'argent est quelque chose qui a de la valeur et qu'on tend, dans un groupe donné, à appeler « argent ». L'or et les diamants ont bien de la valeur, mais on ne tend pas à les appeler « argent » ou « monnaie ». Les billets et les pièces ont une valeur conventionnellement garantie et, sur cette base, on tend à les désigner comme « argent ». Sous cette redondance apparente, on peut noter un fait qui nous paraît absolument crucial : la valeur est conférée à un objet arbitraire (plus ou moins arbitraire, comme on l'a vu à travers notre discussion de la notion de la monnaie *fiat*) du simple fait qu'on lui attache l'étiquette « c'est de l'argent ». Le mot « argent » impose une unité, un critère sur la représentation et le comportement des individus vis-à-vis de l'item ainsi labellisé. Le label est générateur de valeur, plus que la valeur n'est génératrice du label.

D. D. Cela a assurément des conséquences sur l'introduction de formes d'argent non prototypiques que ce soit en termes de types de moyens de paiement (les cartes de crédit, Monéo) ou de devises (l'euro). Est-ce que des données d'un autre ordre que celle sur la catégorisation de l'argent sont susceptibles de nous renseigner sur notre relation typique à l'argent et sur ce qui fera qu'une forme de monnaie sera acceptée ou pas ?

S. B.-G. Peu d'études neuroscientifiques portent directement sur l'argent. En neuroéconomie, comme en économie expérimentale, l'argent est utilisé pour motiver les sujets à participer adéquatement aux expériences qu'on leur propose. De manière générale on connait bien les circuits cérébraux de la récompense et de la motivation. Ils sont communs à la nourriture et à l'argent. On sait que l'argent peut être un puissant stimulant, comparable au sexe et à la drogue, ce qui peut étayer l'idée que certains individus développent une relation addictive à l'argent. Matthias Pessiglione, dans une étude remarquable, a montré que l'argent pouvait exercer une motivation subliminale, inconsciente donc[1]. Des sujets qui étaient exposés de manière subliminale à des stimuli monétaires plus ou moins importants modulaient leurs efforts physiques dans une tâche non directement motivante par elle-même en fonction de l'importance de ces stimuli monétaires. On peut déjà noter ici que le décodage de la valeur de l'argent peut se réaliser dans un temps extrêmement bref et sans accéder à la conscience du sujet. Sa motivation et son comportement suivent automatiquement le résultat de ce décodage.

---

1. M. Pessiglione *et al.*, « How the Brain Translates Money into Force : A Neuroimaging Study of Subliminal Motivation », *Science*, 316, 2007, p. 904-906.

D. D. D'autres apports de la neuroéconomie montrent, outre le fait que l'argent exerce un fort pouvoir de motivation, que l'obtention de l'argent sans effort, à l'inverse, est moins « motivante » pour le sujet que s'il l'a obtenu après un effort.

S. B.-G. Vous faites allusion à une expérience réalisée par Zink et Berns[1]. Ces chercheurs ont montré en effet que l'argent gagné sans effort procurait moins de plaisir que l'argent obtenu après un effort, quand bien même ce dernier était anodin, minime, ne correspondant pas à l'idée habituelle qu'on se fait d'une tâche rémunératrice. À nouveau, dans ce genre d'expériences, il s'agit d'observer des activités contrastées dans les circuits cérébraux de la récompense selon des conditions expérimentales opposées (faire un effort pour obtenir de l'argent vs. obtenir de l'argent sans faire d'effort). Ce que l'on connaît beaucoup moins, en revanche, est l'encodage neuronal de la monnaie, ce qui sous-tend, d'un point de vue neurobiologique, la représentation typique que les individus ont de la monnaie.

G. H. Comment peut-on imaginer qu'il y a un encodage neuronal de la catégorie « monnaie » ou « argent » ? Il n'est pas étonnant de trouver que l'argent active les circuits de la récompense. Il est devenu au cours des deux ou trois derniers millénaires une des sources les plus importantes de satisfaction et de récompense. Ces études sur la récompense sont un autre moyen d'attester de la relation entre argent et états hédoniques. En revanche, sommes-nous tenus d'imaginer que cet objet social, culturel, conventionnel, éventuellement arbitraire, donne lieu à un encodage neuronal spécifique ?

S. B.-G. Vous avez parfaitement raison. Et ce n'est pas dans les termes d'une corrélation aussi stricte et directe (la catégorie argent est sous-tendue par un encodage neuronal spécifique) qu'il faut poser le problème. Et, avant tout, il faut comprendre pourquoi un problème de cet ordre peut se poser. L'argent est une notion abstraite et conventionnelle. Il s'agit d'un artefact culturel récent, dont l'invention remonte à environ 2700 ans. L'argent est donc

---

1. C. F. Zink *et al.*, « Human Striatal Activation Reflects Degree of Stimulus Saliency », *Neuroimage*, 29, 2006, p. 977-983.

quelque chose de bien trop récent pour avoir influencé nos circuits cérébraux. C'est une chose de voir que des tâches monétairement motivantes activent les circuits de la récompense – ce qui certes va assez de soi – mais c'en est une autre de dire que la monnaie a un encodage neuronal particulier. Toutefois, on peut chercher à savoir comment le cerveau reconnaît qu'un disque de métal (par exemple, pour prendre précisément l'une des formes les plus archétypiques de l'argent) est de l'argent, ou ne l'est pas, ou ne l'est plus. Catherine Tallon-Baudry, Florent Meyniel et moi-même avons mené récemment une étude en imagerie cérébrale qui a montré que certaines aires visuelles du cerveau distinguaient de manière automatique, extrêmement rapide, des pièces qui ont actuellement cours (dollars, euros) et des pièces qui n'ont plus cours (francs, marks finlandais, par exemple). La monnaie, ou, disons, le fait conventionnel de base d'attribution de la propriété « monnaie » à un support matériel donné, reçoit bien un traitement cérébral spécifique. Naturellement il serait absurde de parler d'une « aire de la monnaie ». Nous réfutons catégoriquement toute interprétation en ce sens de nos résultats. Ce qu'on peut évoquer, beaucoup plus raisonnablement, est que le cerveau réutilise des fonctions dédiées à des stimuli et des nécessités anciennes, du point de vue de l'évolution humaine (comme le traitement de la nourriture ou des visages) en vue du traitement d'une catégorie comme la monnaie, dont a vu qu'elle s'est mise, précisément, à revêtir une importance vitale pour les individus.

Une théorie cognitive synthétique : l'argent comme outil ou comme drogue

G. H. À supposer que le traitement de la monnaie ait ainsi réutilisé des circuits neuronaux anciens, du point de vue évolutionnaire, et par exemple ceux dédiés à la catégorisation de la nourriture dans l'environnement comme ingérable, par opposition à des stimuli dont l'absorption peut menacer l'intégrité physique de l'individu, peut-on en inférer des traits de base de la monnaie ? En particulier, les aspects hédoniques et incitatifs de l'argent sont-il les plus primitifs ou sont-ils au contraire subordonnés à des aspects peut-être plus fondamentaux comme l'usage, l'instrumentalisation, la médiation, l'obtention de l'argent en vue d'une fin qu'il permet de réaliser ?

S. B.-G. La distinction entre un caractère instrumental et un caractère incitatif, voire addictif, de l'argent n'est pas absolument nette et le rapport entre ces deux aspects peut être vu comme circulaire. Quand on dit que les gens sont motivés par l'argent, on veut dire qu'ils vivent dans une société au sein de laquelle l'argent est utilisé à des fins autres que sa possession, mais que la relation à l'argent n'est pas purement instrumentale et qu'elle prend des traits communs à d'autres stimulants puissants comme la nourriture ou le sexe. Mais, dans l'autre sens, le fait d'être motivé par l'obtention d'un certain stimulant peut jouer un rôle adaptatif lié à la survie de l'individu. La plupart des supports significatifs des motivations humaines possèdent une double caractéristique qui permet d'en fournir facilement une explication évolutionnaire. Ces motivations sont adaptatives. Elles tendent à favoriser la survie des individus et la propagation de leurs gènes. Outre la faim et la soif, la recherche de l'intégration sociale, de partenaires sexuels, des soins parentaux remplissent cette fonction. Ce rôle de la motivation n'est pas restreint aux besoins biologiques fondamentaux. Notre continuité avec le monde animal ne signifie pas que nos motivations doivent être semblables à celles des autres animaux. Elles appartiennent à des environnements, culturels, politiques, économiques beaucoup plus complexes. Les motivations peuvent être biologiquement similaires mais leur insertion dans un environnement donné, naturel ou symbolique, les rend adaptatives au sein de ces environnements humains particuliers. Le fait est que des motivations comme la nourriture, l'intégration sociale ou le pouvoir peuvent être raisonablement dites être héritées de notre passé d'hominidés, ce qui ne peut être le cas de notre relation à la monnaie qui est une invention culturelle trop récente. On ne peut donc pas adapter à l'égard de l'argent le même type de récit darwinien que pour la faim ou la *libido dominandi* : il ne s'agit pas d'un instinct primitif qui a été hérité et s'est sophistiqué en s'intégrant dans un environnement humain. Pourtant il est indéniable que nous avons des attitudes stéréotypées, automatiques, très largement répandues, vis-à-vis de l'argent qui font que la relation à l'argent revêt des aspects

comparables aux comportements associés aux motivations biologiques plus primitives. L'argent pose donc une difficulté intéressante si l'on veut fournir une explication biologique généralisée de
la motivation humaine. Serait-il le seul stimulus générant une
motivation puissante dont l'origine serait exclusivement culturelle ?

D. D. La politique ou la nourriture sont à la fois des faits culturels
qui ont atteint de hauts niveaux de sophistication culturelle tout
en renvoyant à des besoins biologiques fondamentaux. Le problème
avec l'argent, si je comprends bien, serait qu'on observerait à
son égard, au sein de mondes culturels, économiques, avancés et
complexes, des comportements qui renverraient à l'expression de
besoins biologiques fondamentaux, sans qu'on puisse pour autant
établir, dans le cas de l'argent, une continuité avec une « histoire »,
une « évolution » biologique suffisamment profonde temporelle-
ment. Il faut donc fournir des explications d'un autre type de la
motivation spécifiquement liée à l'argent.

S. B.-G. C'est exactement cela. On a ainsi avancé deux théories
principales dans le but de trouver un soubassement biologique à la
motivation pour l'argent. La première de ces théories considère
l'argent comme un type d'outil. L'argent ne serait pas une motivation en elle-même mais seulement dans la mesure où elle peut être
échangée contre des biens et des services. Parmi ces biens et services
se trouvent centralement des stimulants (la nourriture par exemple)
dont on sait qu'ils se trouvent dans la continuité darwinienne explicative requise. Par transitivité l'argent hériterait des propriétés biologiques des biens dont il permet l'obtention. Sous cette théorie
nous n'avons besoin d'aucune théorie psychologique spéciale de
l'argent. Ou alors l'ambition de cette psychologie est limitée à
fournir une explication du fait que l'argent est la meilleure médiation entre la nécessité que nous avons d'échanger des biens de
manière efficace et fluide et nos capacités computationnelles
limitées.

G. H. Cette idée que l'argent est de nature instrumentale dilue en
quelque sorte l'explication que l'on attendait du fait que l'argent, au
même titre que d'autres stimulants, et non pas parce qu'il permet

d'obtenir ces autres stimulants, est une source particulière de motivation.

S. B.-G. C'est cela. Cette approche ne vise pas de théorie *ad hoc* qui chercherait dans le monde culturel humain récent une explication d'un comportement vis-à-vis d'un artefact qui est troublant parce qu'il présente tous les traits des motivations biologiques dont on peut rendre compte, en termes plausibles, de l'ancrage biologique. En même temps, l'insistance sur le fait que l'argent est avant tout un outil contient peut-être une vérité profonde à son sujet. Ce peut être un outil, en effet, dans un sens beaucoup plus riche que l'idée première d'une médiation en vue d'une fin, en l'occurrence l'échange des biens et des services. L'effet de l'argent dans la société est peut-être, plus profondément, d'avoir transformé radicalement notre évaluation et notre perception de ces biens et de ces services. Ce n'est pas simplement le caractère instrumental de l'argent que l'on doit souligner, mais, comme Simmel le pointait déjà, son caractère éminemment transformatif des relations sociales, et ajoutons-nous, de la perception et de la compréhension de la valeur. Il y a un impact cognitif de l'argent, comme il y a un impact cognitif de l'utilisation de certains outils ou instruments (comme le microscope). Si l'on spécule, un instant, autour de l'idée que l'argent nous fait passer d'un état de dépendance vis-à-vis d'autres individus en particulier à un état de dépendance sociale anonyme, on voit que l'argent est, quand on en fait usage, le moyen de découvrir des lois sociales au-delà du cercle restreint de ses connaissances. Nous reviendrons sur cette idée par deux voies : l'éducation des enfants à l'argent et la représentation naïve des phénomènes macroéconomiques.

G. H. Cette théorie de l'argent comme outil est certainement intéressante par les perspectives qu'elle ouvre sur l'analyse des aspects cognitifs et épistémiques de l'argent. Mais, une fois encore, il est peu probable que cette dimension cognitive soit une source de motivation primaire.

S. B.-G. D'où la seconde théorie pour expliquer le caractère motivant de l'argent qui essaie d'en comprendre les effets sur le modèle de ceux que produisent les drogues.

D. D. Quelles drogues ?

S. B.-G. On parle bien de celles qui affectent de manière intrusive le fonctionnement normal du système nerveux. Il est clair que l'argent n'est pas une substance chimique psycho-active. Il faut donc étendre, de manière métaphorique et opératoire, le concept de drogue à celui d'argent. Ce qui semble central dans le concept de drogue est qu'un certain effet est produit (un état hédonique extrême, une distorsion de la perception, un état hallucinatoire, un désir sexuel intense, un sentiment de puissance, etc.) mais sans que les bénéfices adaptifs associés normalement à ces états ne soient eux-mêmes produits. La question pour nous est ce que nous pouvons reprendre de ce concept de drogue en vue de comprendre le type de motivation exercée par la monnaie. Or, l'idée d'un stimulus qui a des propriétés motivationnelles, dans la mesure où il produit les mêmes effets comportementaux et psychologiques que des stimuli qui ont un impact sur le système nerveux central, mais qui, comme eux, est dépourvu d'un effet biologique adaptatif, semble pertinente. L'argent aurait, par rapport aux drogues, un fonctionnement mimétique. On pourrait également le ranger du côté des drogues dites cognitives comme la pornographie ou certaines fictions dont on peut penser qu'elles tirent leur pouvoir addictif de la représentation de stimuli primaires. Ces représentations de stimuli primaires deviennent des drogues recherchées pour elles-mêmes. Mais il semble assez peu intuitif que l'argent ait suivi un processus comparable de représentation d'un stimulus primaire à stimulus primaire lui-même.

D. D. Si on pense au statut social, au prestige et au pouvoir que confère l'argent, plutôt qu'au fait que l'argent permet d'acquérir des biens et des services, on peut se rendre compte plus facilement que sa seule possession est déjà plus que la promesse d'un bien et plus que la représentation d'un état dans lequel je jouirais de mon prestige et de mon pouvoir, mais bien déjà une sorte de réalisation immédiate, et pas seulement par anticipation, de cet état. Je pense à nouveau à certains de mes clients qui n'ont pas transformé leur richesse considérable en statut social ou en signe de pouvoir significatifs mais qui manifestent quand même une sorte d'assurance et de satisfaction tangibles liée simplement à la possession de cette richesse.

S. B.-G. Cela donnerait en effet un certain sens à l'idée que l'argent est une sorte de drogue cognitive. On jouirait à travers elle d'un état qui n'a pas besoin d'être réalisé autrement que sur le mode d'une fiction, réaliste et fantasmatique à la fois, pour qu'on en jouisse. La comparaison avec la pornographie – qui est la drogue cognitive par excellence discutée dans la littérature – fonctionne jusqu'à un certain point. Les états de manque et de frustration, de renforcement endogène du besoin, de pure accumulation sans recherche des médiations externes à la détention du stimulus lui-même en vue de réaliser ses désirs, sont sans doute des points communs. Un autre point commun fonctionnel, qui intéresse les économistes comportementaux, est que l'argent et le support pornographique mettent en compétition des systèmes cérébraux qui sous-tendent respectivement la représentation d'une récompense différée et sa réalisation immédiate.

D. D. C'est ce que montre en effet une des expériences de neuroéconomie les plus connues. Des économistes, David Laibson et George Loewenstein et deux neuroscientifiques, Samuel McClure et Jonathan Cohen, se sont associés pour étudier le fonctionnement cérébral en cas de conflit entre un bien présent et un bien futur plus intéressant, mais pour l'obtention duquel il faut renoncer au bien présent[1]. Ces chercheurs ont expliqué la préférence pour le présent – qu'on peut aussi appeler impatience ou myopie – par la préséance du système limbique, lié aux émotions, sur le cortex préfrontal. Il est clair que ce genre de données a un intérêt pour comprendre et éventuellement réformer des institutions comme l'épargne, le microcrédit ou, pour ne pas parler d'argent, le système éducatif.

S. B.-G. Il faut prendre prudemment ce genre d'expériences de neuroéconomie dont l'apport essentiel consiste à montrer que deux grandes familles de comportements contrastés (l'épargne contre la

---

1. Voir S. McClure *et al.*, « Separate Neural Systems Value Immediate and Delayed Monetary Rewards », *Science*, 306, 2004, p. 503-507.

dépense, la planification financière contre l'impatience consumériste) sont sous-tendus par des systèmes cérébraux distincts. Au mieux cela indique qu'il y a bien des comportements monétaires qui mettent en jeu des aires cérébrales qui sont habituellement impliquées dans d'autres comportements impulsifs. Mais ce genre de raison n'est pas suffisant pour satisfaire un théoricien qui cherche à savoir si, pourquoi et comment l'argent exerce une forme de motivation *sui generis* et l'amener à penser qu'une conception de l'argent comme drogue a un meilleur pouvoir explicatif qu'une conception de l'argent comme outil. Or, la raison principale est que l'argent peut, au moins de temps en temps, fonctionner comme un motivateur sans fonction adaptative.

G. H. Stephen Lea et Paul Webley, dans un article de synthèse important sur les avantages respectifs de ces deux conceptions possibles de la nature motivante de l'argent, reconnaissent la force explicative de la conception instrumentale de l'argent[1]. La monnaie a des fonctions. De nouvelles formes de monnaie sont constamment inventées. Cependant, une théorie instrumentale ne peut pas expliquer tous les aspects comportementaux associés à l'argent et qui dépassent largement la relation que nous entretenons normalement à un outil. Mais la conception de l'argent comme drogue n'est pas non plus totalement satisfaisante. La question « à quelles drogues l'argent ressemble-t-il ? » est pertinente et il n'est pas clair que l'on puisse fournir une réponse à cette question. Une trop grande spécificité fait perdre le sens de cette métaphore, mais qu'apporte cette métaphore exactement si elle est prise en un sens trop lâche ? Lea et Webley penchent en faveur du plus grand pouvoir explicatif de la conception de l'argent comme drogue. Rappelons-nous que ce qu'ils cherchent à expliquer est le paradoxe apparent d'une motivation humaine devenue au cours du temps une des plus puissantes, alors qu'elle ne possède pas de véritable ancrage biologique. L'argent peut être ainsi considéré, selon ces auteurs, comme une drogue au sens où elle fournit l'illusion de la réalisation de certains instincts (d'où, effectivement, sa proximité conceptuelle avec la

1. S. E. Lea and P. Webley, « Money as Tool, Money as Drug : The Biological Psychology of a Strong Incentive », *Behavioral and Brain Sciences*, 29, 2006, p. 161-176.

pornographie). Comment cela fonctionne-t-il d'après eux? Certains instincts humains ont été canalisés à travers des activités organisées, culturelles, comme l'échange ou le commerce ou encore le jeu. L'argent, qui est instrumental pour certaines de ces activités, peut également agir sur elle et révéler leur caractère potentiellement addictif. Dans le cas du jeu, en particulier, on peut souligner la longueur exceptionnelle, du point de vue animal, de l'état infantile et juvénile chez les humains et estimer que ce long état durant lequel nous nous consacrons à des activités ludiques a pu favoriser l'émergence de l'argent. Ainsi l'argent pourrait être une drogue dans le sens où il procurerait un équivalent de la stimulation que l'on obtient en jouant avec certains objets.

D. D. Je reviens alors à l'une de mes questions posée plus haut. Peut-on prévoir, à partir de ces analyses empiriques sur la nature de l'argent, ce qui fera qu'un nouveau type de moyen de paiement sera plus facilement accepté qu'un autre?

S. B.-G. Lea et Webley ont observé que des enfants qui ont régulièrement procédé à des échanges de jouets ou de cartes dans leurs cours de récréation s'avèrent mieux préparés aux échanges commerciaux monétaires que ceux qui ont suivi une introduction élémentaire aux mécanismes économiques. À travers le jeu nous appréhenderions particulièrement bien la fonction de l'argent. Ce n'est toujours pas une réponse directe à votre question, mais cela indique dans quel genre de continuité avec la réalisation d'un instinct l'introduction d'un nouveau moyen de paiement doit se situer. On peut revenir également à la compréhension des mécanismes neuronaux de perception de l'argent, car leur étude vise à répondre à une question du même ordre : comment rendre compte du succès culturel de la monnaie? La synthèse que proposent Lea et Webley entre conception instrumentale et conception addictive est une réponse possible à cette question : l'argent parasite des activités instinctives, répondant à des besoins biologiques primaires. Nous avons pour notre part constaté, à travers notre étude d'imagerie cérébrale sur la catégorisation de pièces de monnaie, que le cerveau distinguait très rapidement les pièces de monnaie selon qu'elles ont actuellement cours ou pas. Or, ce processus de catégorisation était indépendant du degré de familiarité que nos participants avaient avec les pièces qu'on leur présentait et s'effectuait sur la base d'une simple connaissance minimale, à savoir la seule apposition d'un label sémantique du type : « cette pièce de monnaie a cours aujourd'hui dans tel ou tel pays ». Pour répondre à votre question, donc, cela montre qu'une nouvelle monnaie semble pouvoir être introduite et acceptée rapidement par tout le monde. Ce n'est pas parce que certains continuent de convertir les euros en francs que l'euro n'est pas par ailleurs immédiatement reconnu comme porteur de la valeur et le franc comme dénué aujourd'hui de valeur.

G. H. On parle ici de formes d'argent qui ont un support physique bien connu et très maniable, qui font qu'elles correspondent excellemment aux critères que nous nous imposons de fait : continuité avec la manipulation d'objets dans le jeu, passage aisé de la main à la main, reconnaissance visuelle facilitée. Nous avons déjà abordé ce point : les échanges monétaires sont aujourd'hui en majorité dématérialisés, ils sont enregistrés sous forme d'événements électroniques dans les ordinateurs des banques. Ces différences dans la manipulation de l'item monétaire affectent nos comportements. Par exemple, une étude menée par des chercheurs du MIT a montré qu'on dépensait jusqu'à dix fois plus d'argent pour ses achats en utilisant sa carte de crédit plutôt que de l'argent liquide[1].

S. B.-G. Ce fait nous amène à réfléchir à ce qu'on peut nommer l'ergonomie monétaire. Les pièces et les billets ont des propriétés proprioceptives dont sont dépourvues les cartes de crédit et les transactions sur internet : propriétés tactiles, sensation de masse, etc. L'argent, sous cet aspect physique, est une extension de notre identité corporelle. La mise en place de nouvelles monnaies doit se construire à partir d'une double réflexion sur la nature biologique – la continuité avec les instincts – et sensorielle – la perception et la proprioception de la valeur – de l'argent.

---

1. D. Prelec et D. Simester, « Always Leave Home Without It : A Further Investigation of the Credit-Card Effect on Willingness to Pay », *Marketing Letters*, 12, 2001, p. 5-12.

Les paradoxes de la comptabilité mentale

D. D. L'argent est aussi une réalité mentale complexe, pas seulement au sens d'un concept polymorphe, mais au sens de notre difficulté à envisager de manière cohérente nos gains et nos dépenses, à envisager sur une même échelle différentes sources de gains et de pertes financières, à envisager des échelles durables, à avoir, en somme, une représentation simple, claire et stable de ce qui pourtant constitue notre relation première à l'argent : le fait d'en gagner et d'en dépenser.

S. B.-G. C'est bien le projet de l'économie comportementale, et plus spécialement ici de la finance comportementale, de rendre compte de l'écart entre nos comportements et des représentations idéales de nos intérêts.

D. D. Nous ne sommes pas capables, en particulier, de nous comporter selon les prescriptions d'une théorie rationnelle de la consommation prenant pour échelle le cycle de la vie. Soit un individu qui calcule la valeur présente de sa richesse, en incluant son revenu présent, ses actifs nets et son revenu futur. Cet individu calcule ensuite ce qu'il peut dépenser annuellement, voire quotidiennement, à partir de l'estimation de sa richesse à l'échelle de sa vie. Il peut bien sûr réévaluer régulièrement cette richesse globale selon les variations effectives ou anticipées de ses revenus. Ce modèle de la consommation au cours d'une vie échoue pour plusieurs raisons. D'abord, il s'avère que la consommation est variable au cours des phases de la vie, les jeunes et les personnes âgés consommant moins que les personnes d'un âge intermédiaire. Ensuite, cette consommation est très dépendante des revenus annuels. La prise en compte des revenus annuels n'est pas reportée à l'échelle d'une vie mais influence la consommation du moment. Enfin, le phénomène peut-être le plus remarquable est que les différentes sources de revenus (salaires, retraites, investissements, crédits, etc.) ne sont pas dépensées de manière uniforme.

S. B.-G. On a proposé plusieurs explications pour expliquer l'échec de ce modèle rationnel de la consommation sur le cycle de la vie. On a pu penser que les individus n'avaient pas les capacités de calculer la valeur présente de leurs revenus globaux et de déterminer en conséquence leur base annuelle de dépense. Alternativement on a pu penser qu'ils étaient « hyper-rationnels » et altruistes, prenant en compte dans leurs estimations non seulement leur propre richesse mais celle de leurs héritiers; l'échelle de calcul n'étant plus alors celle d'une seule vie. On a pu rejeter la faute sur le marché du crédit et les contraintes qu'il exerce sur les consommateurs, les empêchant peut-être de réaliser les plans qu'ils se sont fixés. Cependant, à supposer que ce modèle exprime une forme idéale de rationalité, on peut chercher des raisons plus profondes ou moins contingentes de son invalidation empirique. La première raison est que les individus n'ont pas tendance à former de représentation de la valeur d'un bien indépendamment de sa position dans le temps. Selon une perspective idéale, la valeur d'un bien est immuable, que sa réalisation soit présente, ou proche, ou éloignée dans le futur. Or, les agents économiques sont impatients. Dans le court terme ils agissent comme si leur taux d'escompte surpassait leur taux d'intérêt. Si un bien n'est pas consommé immédiatement, il perd plus de valeur que ce qu'il m'en rapportera si je retarde sa consommation à l'instant suivant. L'impact psychologique d'un taux d'escompte excessivement élevé dans le court terme crée le problème de la perte de contrôle dans la consommation. La théorie de la consommation à l'échelle du cycle d'une vie postule une constance et une équanimité des individus qui est démentie par leur faiblesse de volonté manifeste. Mais outre les anomalies du choix intertemporel, il existe une seconde raison de l'échec de cette théorie. Un de ses principaux postulats est la fongibilité des différentes sources de revenus financiers. La fongibilité est l'idée que la monnaie n'a pas de « labels » : tout type de revenus est censé se fondre en une même unité comptable.

G. H. Le fait est que les gens imposent au contraire des « labels », comme les ont nommés Tversky et Kahneman, à différents types de gains ou de dépenses[1]. Ils donnent un poids monétaire à ces labels et alors que, par exemple, deux sommes d'argent sont identiques, on ne leur accordera pas la même valeur selon qu'elles portent un label

---

1. A. Tversky and D. Kahneman, « The Framing of Decisions and the Psychology of Choice », *Science*, 201, 1981, p. 453-458.

ou un autre. C'est un biais cognitif très répandu. Un des exemples expérimentaux les plus souvent discutés est celui-ci : on demandait à des sujets d'imaginer qu'ils avaient décidé de se rendre à une pièce de théâtre. Le prix du ticket d'entrée était fixé à 10€. On leur demandait d'imaginer ensuite qu'ils venaient de perdre un billet de 10€ au moment où ils s'apprêtaient à passer au guichet du théâtre. On demandait alors aux sujets s'ils voulaient toujours acquérir un ticket de 10€ pour la pièce de théâtre. 88% des sujets répondaient par l'affirmative et 12% par la négative. On confrontait ensuite ces mêmes individus à une situation différente. On leur demandait toujours d'imaginer qu'ils avaient décidé d'aller voir une pièce de théâtre dont le prix d'entrée était de 10€ et qu'ils avaient acquis à l'avance ce ticket. Les sujets devaient ensuite imaginer qu'au moment d'entrer dans le théâtre ils s'apercevaient qu'ils avaient perdu le ticket et que celui-ci n'était pas récupérable. Acquerraient-ils un second ticket ? Les effets de richesse sont strictement identiques entre les deux situations. Cependant, dans la seconde situation, seulement 46% des sujets affirmaient qu'ils étaient prêts à acheter un second ticket et 54% qu'ils ne feraient pas.

S. B.-G. Cela montre que les individus ont des encodages mentaux, des représentations, hétérogènes et non unifiées, de leurs dépenses et de leurs investissements. Il y a un sous-aspect intéressant de cet exemple du ticket de théâtre qui est l'impact sur la considération présente de notre richesse des investissements passés. Un investissement passé (l'achat préalable d'un ticket de théâtre, par exemple) devrait rationnellement être considéré comme un coût écoulé (« *sunk cost* ») et être ignoré dans ma décision présente. Or, cet investissement passé a un poids psychologique différent de la perte d'un billet de la même somme du simple fait qu'il est un investissement. On est certes ici en présence d'un cas de non-fongibilité entre deux pertes monétaires du fait que celles-ci ont des labels distincts, mais on peut aussi souligner que ce biais spécifique qui fait que des investissements passés ont davantage d'impact psychologique que des labels qu'on pourrait dire plus impersonnels (« un billet de 10€ ») a potentiellement un effet bénéfique. Imaginons à présent un individu qui a pris un abonnement à l'opéra pour l'année. Les spectacles sont mensuels et il a acheté toutes ses places à l'avance. Ce n'est pas un grand amateur d'opéra mais il a décidé cette année d'améliorer sa connaissance de l'art lyrique et de se tenir à son programme culturel. Seulement, un soir de décembre pluvieux et glacial qui est celui de la soirée du mois pour laquelle il a pris son abonnement sans possibilité de modifier sa réservation, il se dit qu'il préférerait rester chez lui et regarder une émission de variétés à la télévision. Que doit-il faire ? S'il est rationnel au sens de la maximisation de son utilité présente, il doit rester chez lui. On ne peut revenir sur un investissement passé. Mais n'est-il pas rationnel, dans un autre sens, de se sentir lié par son investissement passé et d'accomplir le programme qu'on s'était fixé ? La réponse n'est pas aussi claire qu'on pourrait le croire et on aurait tort de répondre que l'individu serait évidemment plus rationnel de s'en tenir à son plan. Le motif de son investissement passé, de son choix d'un abonnement pour l'année, pouvait être précisément de se sentir lié et, étant lucide sur ses dispositions à souffrir de faiblesse de volonté, d'exercer une forme indirecte de contrôle sur lui-même. Le point philosophique profond sur lequel ces exemples nous amènent à réfléchir est le paradoxe suivant, qui reste encore largement à explorer en ces termes dans la littérature théorique et expérimentale : les stratégies de contrôle de faiblesse de la volonté que certains individus pourraient vouloir mettre en place, pour pallier les pics d'escompte du futur sur le court terme dans certains types de consommation, peuvent être la source de la non-fongibilité entre différents revenus et dépenses. Autrement dit, les deux anomalies, qui rendent les théories de l'épargne et de la consommation à l'échelle de la vie empiriquement invalides, ont tendance à se renforcer mutuellement.

D. D. Richard Thaler propose d'autres manifestations de ce comportement[1]. Les consommateurs traitent, comme on l'a déjà répété, diverses sources de revenus comme étant non fongibles. Dans les termes de Thaler, les consommateurs ont différentes « propensions marginales à consommer » (PMC) à partir de différentes sources de revenus. Cette propension pour leurs salaires ou revenus

---

1. R. Thaler, « Saving, Fungibility and Mental Accounts », *Journal of Economic Perspectives*, 4, 1990, p. 193-205.

présents est proche de 1 (maximum). Elle est voisine de 0 pour les revenus futurs (dont on se rappelle qu'ils devaient être pris en compte au même titre que les revenus présents connus) et elle est intermédiaire en ces deux valeurs pour les revenus provenant d'actifs divers (actions, obligations, biens immobiliers, etc.). Les foyers ont des stratégies de consommation et d'épargne à travers un système de comptes mentaux. Ces comptes «essentialisent», d'un point de vue psychologique, des catégories de richesse et/ou de revenus; chacune de ces catégories étant ainsi dotée de son propre PMC.

S. B.-G. Un des phénomènes très spécifiques qu'étudie Thaler est l'impact des revenus inattendus, des «bonus surprise», de sommes d'argent imprévues tombées du ciel ou provenant d'une source marginale, sur ces différents comptes mentaux. Cet impact dépend de la taille de ce genre de gains. Pour un petit gain de la sorte on peut intuitivement imaginer cet impact et saisir immédiatement le caractère hétérogène de ce gain par rapport aux modalités de consommation habituelles. Je trouve un billet de vingt euros dans la rue, j'aurai certainement tendance à le dépenser plus librement que vingt euros provenant de mon compte en banque.

D. D. C'est vrai. Mais Thaler souligne aussi que selon leur taille, ces gains inespérés seront inclus dans une catégorie de richesse ou une autre. Si ces gains sont faibles relativement au revenu habituel, ils seront mentalement encodés comme s'ajoutant à ce revenu, même si en effet ils peuvent donner lieu à un type de consommation plus libre que l'argent issu du revenu habituel. Mais il n'en demeure pas moins que cet argent sera consommé, comme l'est en grande partie mon revenu habituel. De ce point de vue ces gains sont similaires. Si, en revanche, ces revenus inattendus sont plus importants – pensons à l'argent d'un héritage par exemple – ils rentreront dans la catégorie des actifs dont le PMC est plus faible. La propension à la consommation d'un revenu est un bon critère prédictif du compte mental auquel il appartient.

S. B.-G. Le revenu constant, le salaire disons, peut également être manipulé de telle sorte qu'il donne lieu à une catégorisation interne hétérogène. Prenons deux professeurs d'Université dont le traitement annuel est de 35 000 euros. Le professeur Jean P. perçoit ce traitement sous forme de douze mensualités régulières. Le professeur Pierre X. reçoit douze mensualités, calculées sur la base de 27 000 euros et 8 000 euros sous forme de primes diverses (recherche, participation administrative, etc.) versées durant l'été. La théorie standard prévoit que les deux enseignants prendront des décisions d'épargne identiques, toutes choses étant égales par ailleurs. Mais l'hypothèse des comptes mentaux prédit que le professeur Pierre X. épargnera davantage pour deux raisons : i) étant donné que son revenu régulier est plus bas, il adaptera son mode de vie, son niveau de consommation, à ce revenu et ii) les primes estivales étant perçues sous forme de bonus au salaire, elles auront tendance à être classées parmi les actifs dont la propension à être consommée est faible.

D. D. Encore une fois la taille de ces « bonus » et plus particulièrement leur proportion par rapport au revenu constant est décisive. Une étude de Landsberger sur 297 rescapés de la Shoa qui avaient perçu des indemnités du gouvernement allemand montre précisément cet effet de la taille d'un revenu inhabituel sur sa catégorisation au sein d'un compte mental donné. Le groupe qui avait reçu les indemnités les plus élevées (représentant en moyenne 66% d'un revenu annuel) montrait une PMC sur cette indemnité d'environ 0.23, tandis que le groupe qui avait reçu les indemnités les plus faibles (représentant 7% d'un revenu annuel) avait à leur égard une PMC de 2[1]. Ces derniers doublaient donc la somme reçue d'un prélèvement sur leur revenu courant en faisant le choix de la consommer.

S. B.-G. On peut essayer de comprendre les raisons du cloisonnement mental des types de revenus, mais aussi des types de dépense. On a indiqué qu'une des causes plausibles de l'existence de ces comptes mentaux non fongibles pouvait se trouver dans les heuristiques de contrôle de soi auxquelles ont recours les agents économiques. Pensons aux dépenses de luxe. Leur consommation est rare en raison de la restreinte qu'exercent sur eux-mêmes les

1. M. Landsberger, « Windfall Income and Consumption : Comment », *American Economic Review*, 56, 1966, p. 534-539.

individus. Quelle forme cela prend-il ? Les consommateurs qui ont tendance à justifier mentalement leurs achats – sans doute pour atténuer la douleur éventuellement ressentie au moment de payer – auront des difficultés, peut-être délibérément imposées par eux-mêmes – à céder à l'éventuelle pulsion d'une dépense frivole. Les achats donnent lieu à toutes sortes de ruminations qui sont des stratégies plus ou moins explicites du maintien d'un niveau de consommation et de filtrage des objets de dépense qui peuvent tomber dans le compte mental courant sans le dénaturer, le décloisonner, le faire basculer dans un autre registre.

G. H. Les lignes de conduite dans le domaine des achats ont aussi pour fonction de signaler aux autres et à soi-même quel type de consommateur on est.

S. B.-G. Nozick, dans son livre *The Nature of Rationality*[1], met précisément en relation le fait d'honorer des investissements passés et de suivre des principes[2]. Suivre un principe, une ligne de conduite dans le domaine des dépenses monétaires par exemple, revient à adopter une heuristique identitaire. Affirmer un principe décidé dans le passé au moment d'un choix permet d'éviter des délibérations éventuellement coûteuses. Il est moins coûteux d'avoir une identité ou un profil comportemental stable que d'en changer constamment. Bien qu'une conception instrumentale de la rationalité recommande de maximiser son utilité présente, et donc d'être soumis à ses aléas, une conception symbolique de la rationalité, comme la caractérise Nozick, donne au contraire une utilité à la constance comportementale. Certaines anomalies comportementales peuvent découler d'heuristiques qui, comme nous le repréciserons, sont parfois moins des limites ou des courts-circuits cognitifs, que des traits conservateurs destinés à faciliter notre adaptation et notre survie dans un environnement relativement complexe. Bien que ces traits soient des stratégies adaptatives implicites, ils peuvent donner lieu à des heuristiques explicites approximatives, comme la règle que se donne un individu d'agir systématiquement en

---

1. R. Nozick, *The Nature of Rationality*, Princeton, Princeton University Press, 1993.
2. R. Nozick, *Anarchy, State, and Utopia*, New York, Basic Books, 1974 ; trad. fr. par E. d'Auzac de Lamartine, *Anarchie, État et utopie*, Paris, P.U.F., 2003.

fonction de ses investissements passés. Bien que cette règle puisse rapidement devenir contre-productive, elle participe d'une rationalité symbolique qui permet aux individus qui y souscrivent d'affirmer un profil et une image, voire un statut, qui permet de les identifier. Pensons aux perspectives matrimoniales qui sont facilitées non pas tant par la rencontre de profils comparables en termes d'accomplissement financier que par celles d'attitudes face à l'argent et de modalités de sa gestion compatibles.

La perception de la valeur monétaire

G. H. Comment avons-nous accès à la notion de valeur ? Certaines théories de la monnaie, comme celle, hétérodoxe, d'Aglietta et Orléan dont nous avons déjà parlé, suggèrent que la notion de valeur est plus fondamentale que les autres fonctions que remplit la monnaie dans une société marchande. La monnaie est l'introduction de la valeur dans la sphère marchande. De plus, on n'a pas besoin de supposer que le support monétaire soit lui-même doué d'une valeur intrinsèque pour jouer son rôle d'introducteur de la valeur. Il suffit qu'il soit reconnu comme jouant ce rôle. Cette attribution du rôle conventionnel de la valeur à un support monétaire donné peut être relativement arbitraire et acceptée très rapidement. Il n'en demeure pas moins qu'une fois qu'un système d'expression conventionnelle de la valeur est adopté il correspond normalement à des rapports objectifs entre les prix.

S. B.-G. Une variation de la masse monétaire peut affecter le niveau général des prix sans modifier les relations entre les prix. C'est cette relation objective entre les prix, en effet, qu'on doit avoir en tête si l'on veut parler de valeurs réelles. La monnaie est un moyen de conférer une valeur réelle aux biens et aux services en permettant une comparaison objective entre les prix de ces différents biens et services. Cependant l'expression, via le système monétaire, de ces valeurs réelles ne se fait évidemment pas en termes d'une explicitation des proportions objectives existantes entre tous les biens et les services possibles (cette comparaison est toujours en principe possible mais l'avantage du système monétaire est de ne plus renvoyer à des comparaisons isolées et idiosyncrasiques entre les valeurs de tels ou tels biens donnés), mais en termes nominaux. Chaque bien est muni d'un prix qui est sa valeur nominale et qui reflète en principe sa valeur relative par rapport à l'ensemble des autres biens, c'est-à-dire sa valeur réelle. Le système monétaire représente donc en premier lieu une économie cognitive majeure et un déplacement épistémique de la connaissance de la valeur intrinsèque des biens (pour autant que cela ait un sens) à la connaissance purement extrinsèque de leur prix.

G. H. Mais ce système ne fonctionne idéalement, comme nous l'avons déjà indiqué, que sous l'hypothèse de la neutralité de la monnaie, c'est-à-dire du fait qu'elle ne peut affecter les valeurs relatives des biens.

S. B.-G. On n'est pas obligé d'imputer prioritairement les dysfonctionnements du système monétaire à des propriétés ou des non-propriétés de la monnaie, mais aux comportements des agents économiques desquels découle de fait, par exemple, la violation d'une propriété théorique comme la neutralité de la monnaie. Un agent économique peut ainsi confondre une variation générale des prix avec une variation des prix relatifs. Dans ce cas il s'attache à la valeur nominale des prix. Il peut penser que son salaire a augmenté alors que tous les prix ont augmenté, comme en période d'inflation. Lorsqu'un agent économique s'attache à la valeur nominale de l'argent et non à sa valeur réelle, il est victime de ce qu'on appelle l'illusion monétaire. On peut interpréter ce phénomène de deux grandes manières : ou bien comme la conséquence d'une incertitude, ou bien comme un biais cognitif à part entière. Keynes privilégie le premier type d'interprétation. Il donne à l'illusion monétaire un rôle important dans son analyse du marché du travail dans la *Théorie générale de l'emploi, de l'intérêt et de la monnaie.* Les travailleurs sont attachés à la stabilité des salaires relatifs, mais en présence d'une baisse générale des salaires nominaux, un travailleur ne peut être certain que ce n'est pas son seul salaire qui a subi cette baisse. Le paradoxe est qu'un travailleur est prêt à accepter une baisse de son salaire réel due à l'inflation, mais pas une baisse de son salaire nominal, quand bien même celle-ci serait socialement généralisée, du fait qu'il n'a aucune certitude sur les fluctuations générales de la masse monétaire et n'a accès qu'à une information nomi-

nale dont il finit par dévoyer le sens. Précisément l'illusion monétaire peut être alors interprétée comme un biais cognitif, à savoir
celui qui consiste en une évaluation erronée de la valeur réelle des
transactions économiques sur la base des valeurs nominales en jeu.
Ces évaluations erronées entraînent des décisions sous-optimales et
des équilibres inefficaces.

D. D. Comme d'habitude quand il est question de biais cognitifs
ou, comme chez Keynes, de recours explicatif à un état d'incertitude
des agents économiques, il s'agit de remettre en cause une analyse
classique qui postule au contraire la rationalité parfaite de ces
agents.

S. B.-G. Oui. Pour les économistes néoclassiques, Friedman et
ses héritiers, les agents économiques font des anticipations adaptatives. L'État modifie la masse monétaire et il y a un temps d'adaptation nécessaire pour que les agents ajustent leur perception de la
valeur à cette nouvelle donne objective. L'illusion monétaire n'est
donc que le résultat d'une information incomplète qui se résorbe
progressivement, car l'appareil cognitif des agents, dans sa relation
aux grandeurs économiques, fonctionne de manière adéquate. On
touche là un problème profond. Le courant de l'économie comportementale, depuis une trentaine d'années, s'est construit sur l'idée
d'une intégration des biais cognitifs dans les modèles d'explication
rationnels des comportements économiques. La difficulté est de
s'assurer qu'on est bien en présence d'un biais ou d'une anomalie
comportementale, c'est-à-dire d'un mode de fonctionnement mental
qui n'est pas que l'effet de circonstances empiriques particulières
mais bien un trait de la nature humaine. Il est paradoxal en effet
de penser que nous aurions développé au cours de l'évolution un
appareil cognitif susceptible de commettre des erreurs systématiques, à moins naturellement de supposer que ces erreurs jouent
un rôle adaptatif spécifique. Mais l'hypothèse par défaut est de
postuler un appareil cognitif adéquat, ce que font légitimement
les théoriciens classiques de la rationalité et en particulier les
économistes néoclassiques.

G. H. Mais l'illusion monétaire paraît un biais cognitif robuste si l'on se réfère à l'expérience célèbre de Shafir, Diamond et Tversky[1]. Cette expérience semble bien montrer un défaut inhérent au système humain de traitement de l'information en matière d'appréciation de la valeur monétaire.

S. B.-G. En effet, la perspective de ces auteurs est d'attester que l'illusion monétaire est fondamentalement un biais cognitif. Ils soumettent leurs sujets expérimentaux à un test assez simple concernant une transaction. Adam, Ben et Carl vendent une maison qu'ils ont tous les trois acquise pour la somme de $200.000. Adam la revend pour $154.000, soit 23% de moins dans un contexte où il y a eu par rapport à l'acquisition originelle un taux de déflation de 25% ; cette information étant évidemment communiquée aux sujets. Ben la vend $198.000 alors que les prix sont restés stables. Carl la vend pour $246.000, soit 23% de plus, avec un taux d'inflation à 25%. Il est clair que les sujets devraient répondre à la question de savoir lequel des trois a fait la meilleure affaire qu'il s'agit d'Adam, puis de Ben et que Carl est celui qui a perdu le plus d'argent. Or, 53% des sujets pensent qu'Adam a perdu le plus d'argent et 48% que Carl a fait la meilleure affaire. Shafir, Diamond et Tversky analysent ces résultats en disant que leurs sujets sont victimes de l'illusion monétaire, car ils attachent nettement plus d'importance à la valeur nominale des transactions qu'à leur valeur réelle. La raison en est que le cadre nominal est beaucoup plus facile à manier et beaucoup plus saillant cognitivement. Cela ne signifie pas que les agents économiques en général n'aient pas accès à la perception de la valeur réelle, mais, du fait de la saillance du cadre d'expression nominale de la valeur, cette dernière prend régulièrement le pas sur le cadre réel.

D. D. La neuroéconomie a été définie par ses initiateurs comme un moyen de trancher entre diverses théories économiques ou, plus simplement, entre différentes explications, quand les seules observations comportementales ne permettaient pas de le faire. Weber et ses collègues ont ainsi mené une étude en imagerie cérébrale de l'illusion monétaire dans le but de montrer, selon eux, que l'illusion

---

1. E. Shafir, P. Diamond and A. Tversky, « Money Illusion », *Quarterly Journal of Economics*, 112, 1997, p. 341-374.

monétaire est un phénomène qui s'expliquerait par l'appréciation des récompenses monétaires en termes nominaux plutôt qu'en termes de pouvoir d'achat réel via les montants nominaux concernés[1].

S. B.-G. Ils étudient, par conséquent, les réactions du système cérébral de la récompense à des montants monétaires nominaux correspondant à des valeurs réelles différentes. Ceci dit, avant de rendre compte du résultat de cette expérience, on peut en indiquer deux limites méthodologiques. D'abord, l'expérience de Shafir, Diamond et Tversky est déjà quasi-conclusive : les sujets, confrontés à des situations de transactions très simples, disposent d'une information complète. Ils sont néanmoins victimes de l'illusion monétaire de manière remarquable. Sur cette seule base comportementale, nous pouvons penser qu'il s'agit d'un biais cognitif plutôt que d'une erreur due à une information incomplète. Naturellement l'explication de ce biais cognitif doit être élaborée : le cadre nominal étant plus saillant que le cadre réel (lequel doit être déduit de plusieurs informations), les sujets l'utilisent comme une « ancre » de raisonnement. La question en suspens, alors qu'on peut présumer qu'ils ont largement les ressources computationnelles pour déduire la valeur réelle, est de savoir pourquoi ils ne cherchent pas, ou alors très partiellement, à le faire. Est-ce qu'ensuite, donc, une expérience comme celle de Weber et ses collègues permet de répondre à cette question ?

G. H. L'idée que le système cérébral de la récompense, en particulier le cortex préfrontal ventromédian, est plus sensible à une expression nominale de la valeur qu'à ce que cette expression indique en termes de valeur réelle fournit un début d'explication.

S. B.-G. Oui mais, précisément, est-ce que nous aurons l'explication que nous désirons ? Weber et ses collègues utilisent l'imagerie par résonnance magnétique pour tester l'hypothèse que les circuits cérébraux liés à la récompense, dont on sait par ailleurs qu'ils jouent un rôle crucial dans l'apprentissage et la décision,

---

1. B. Weber *et al.*, « The Medial Prefrontal Cortex Exhibits Money Illusion », *PNAS*, 106, 2009, p. 5025-5028.

exhibent, selon la formulation de ces auteurs, l'illusion monétaire. La formulation est curieuse. La démonstration repose sur l'observation de l'activité neuronale du cortex préfrontal ventromédian de deux groupes de sujets confrontés à des enjeux monétaires différant entre eux par leur valeur nominale, mais de valeurs réelles identiques. Les sujets étaient ainsi placés devant des catalogues d'objets qu'ils pouvaient acquérir à partir d'une somme d'argent accordée par les expérimentateurs. Dans l'un des groupes de sujets, la somme d'argent distribuée et les prix indiqués sur le catalogue étaient de moitié plus élevés que pour l'autre groupe. Ce qui variait d'un groupe à l'autre était ainsi clairement, dans l'esprit des auteurs, la seule valeur nominale de l'argent distribué et non sa valeur réelle, puisque le pouvoir d'achat entre les deux situations restait le même. Les auteurs observent une réponse dans les zones de la récompense ciblées augmentant proportionnellement à la valeur nominale des achats et concluent en faveur d'une démonstration de l'illusion monétaire du fait de cette réponse neuronale dépendante des valeurs nominales engagées. On peut formuler deux critiques à l'égard de cette expérience et de l'interprétation qu'en fournissent les auteurs. La première est qu'il n'est pas sûr qu'ils aient testé l'illusion monétaire dans un sens économiquement intéressant. La seconde est que la sensibilité apparente du système cérébral de la récompense à des indications monétaires nominales ne constitue pas en soi une explication suffisante des comportements qui trahissent l'illusion monétaire. Un des aspects les plus intéressants, à notre avis, dans l'illusion monétaire est que les agents ont du mal à se représenter certaines propriétés de base de la monnaie. Il est au fond très étonnant qu'un artefact comme la monnaie ait eu le succès culturel que nous connaissons et que pourtant certaines de ses propriétés de base échappent complètement à la représentation des individus. Bien sûr on pourrait prendre le point de vue inverse – ce que nous ne manquerons pas nous-mêmes de faire – et dire que ces difficultés de la représentation de propriétés formelles essentielles de la monnaie ont justement quelque chose à voir avec son succès culturel. Un intérêt de la neuroéconomie, selon nous, est de chercher, par des moyens expérimentaux adéquats et créatifs, dont la psychologie et l'économie expérimentales ne disposent pas a priori, à rendre compte des mécanismes de blocage de certaines représentations, et de fournir ainsi une explication satisfaisante aux anomalies comportementales constatées par ailleurs. Dans le cas de l'illusion monétaire, ce que ne parviennent pas à se représenter les individus, est qu'un euro, ou n'importe quelle unité monétaire, peut avoir une valeur qui augmente ou diminue. Il n'est pas aisé de se représenter que si un euro reste un euro nominalement, il n'est pas nécessairement doué de la même valeur à différents moments du temps du fait notamment de la proportion d'euros en circulation par rapport aux biens sur le marché. Il faut tâcher de comprendre l'ancrage nominal de la perception de la valeur, c'est le point difficile. Il n'est pas étonnant de constater ce que l'on savait déjà, du point de vue comportemental, à savoir qu'une variation de ce cadre nominal est interprétée par les individus comme une variation de la valeur réelle. De plus, le fait que le système cérébral de la récompense soit sensible à cette variation nominale parce qu'il l'interpréterait comme des variations de la récompense n'est pas non plus étonnant si l'on réfléchit au fait qu'il n'y a pas de raison que le système cérébral de la récompense remette en cause un encodage numérique habituel de la récompense. 2 est plus grand que 1, indépendamment de ce que veulent dire 2 et 1 et le système de la récompense est peut-être tout simplement dédié au traitement de ces grandeurs relatives tandis qu'un autre système est censé en décoder la signification réelle.

G. H. La critique de l'expérience de Weber revient donc à dire que ce que l'on constate était attendu et que nous n'avons pas réellement approfondi notre compréhension des causes du biais cognitif dans lequel est censée consister l'illusion monétaire.

S. B.-G. Disons qu'il est intéressant d'observer cette sensibilité du système de la récompense à la valeur nominale des transactions, mais que le point difficile à expliquer demeure de savoir pourquoi un autre système de traitement de l'information – correspondant de fait à un autre circuit neuronal – ne vient pas compenser ou inhiber ce traitement inadéquat de la valeur. Le fait que le système de la récompense se comporte de la manière qu'observent les auteurs n'explique pas encore pourquoi le format nominal de la valeur a autant d'impact psychologique, au point, d'ailleurs, que c'est le format que va reconnaître le système de la récompense comme étant pertinent pour son propre traitement de ces stimuli monétaires à l'exclusion de toute autre information dans le contexte. Ce qu'on peut imaginer est qu'il y a un encodage, à un niveau plus primitif en fait que celui auquel opère le système de la récompense, de ce qui est considéré par le cerveau comme constituant une information pertinente sur la valeur. Cet encodage neuronal pourrait prendre place au niveau des aires visuelles du cerveau et être relayé ensuite, sans qu'une fonction critique évalue ce qui est ainsi encodé, par le système de la récompense. La stratégie qui consiste à rendre compte d'un biais cognitif, comme l'illusion monétaire, par des phénomènes qui prennent place à un niveau infra-cognitif nous paraît scientifiquement appropriée. Weber et ses collègues cherchent la source de l'illusion monétaire dans le traitement des stimuli monétaires par les aires cérébrales liées au traitement de la récompense, il nous paraît simplement plus justifié de la rechercher à un point encore plus primitif du traitement de la monnaie, à savoir son encodage visuel ou symbolique.

G. H. Mais il existe aussi un ensemble de biais liés au traitement visuel des pièces de monnaie ou des billets de banque, et en particulier l'illusion qui consiste à percevoir comme étant de plus grande taille ce que l'on pense avoir une plus grande valeur.

S. B.-G. En effet. Les travaux de Bruner et Goodman, de Tajfel et de Leiser, par exemple, ont mis en évidence cette illusion[1]. Ce qui est frappant, à travers ces études, est de constater que la perception de la taille des supports monétaires varie en particulier avec le niveau d'inflation pour les monnaies concernées, c'est-à-dire avec le fait que la valeur réelle, pour une même valeur nominale, décroît. Ce phénomène montre en somme qu'il y a un encodage de bas niveau de la valeur réelle des pièces. Un des résultats de l'étude de Leiser, qui faisait suite à une récente période de haute inflation en Israël et à un double changement de la monnaie en circulation dans

---

1. J. S. Brunner and C. C. Goodman, « Value and Need as Organizing Factors in Perception », *Journal of Abnormal and Social Psychology*, 42, 1947, p. 33-44 ; H. Tajfel, « Value and the Perceptual Judgment of Magnitude », *Psychological Review*, 64, 1957, p. 182-204 ; D. Leiser and G. Izak, « The Money Size Illusion as a Barometer of Confidence ? The Case of High Inflation in Israel », *Journal of Economic Psychology*, 8, 1987, p. 347-356.

ce pays, montre, ce qui peut sembler surprenant, qu'il n'y a pas d'illusion de perception de la taille des pièces en fonction de leur valeur nominale. Il faut noter que cette étude ne montre pas non plus de corrélation directe entre la valeur réelle des pièces de monnaie et la perception de leur taille. La variation de la taille perçue des pièces de monnaie en fonction de l'inflation laisse présumer l'existence d'une corrélation, indirecte, entre la valeur réelle des pièces de monnaie et la perception de leur taille, mais aussi que d'autres facteurs contextuels peuvent affecter cette relation. Le point général qui nous intéresse ici est que les biais ou les illusions ne forment pas des touts cohérents. Si le système de la récompense « exhibe » l'illusion monétaire, au sens d'un plus grand impact psychologique de la valeur nominale, le système visuel est peut-être de son côté sensible à la valeur réelle de la monnaie. L'argent est un artefact symbolique suffisamment complexe pour que l'incarnation de la valeur qu'il opère passe par des canaux cognitifs et perceptuels diversifiés ; aussi un biais cognitif comme l'illusion monétaire peut-il être raisonnablement considéré comme le sous-produit d'une interaction entre des modules utiles à la perception de la valeur.

L'argent, dès l'enfance

S. B.-G. L'étude de la conceptualisation économique chez les enfants est encore relativement récente et éparse. La discussion des paradigmes qui permettent de rendre compte du développement d'une compétence cognitive spécifique, à supposer qu'il y ait bien un domaine unifié sur lequel pourrait s'exercer cette éventuelle compétence, n'est pas très élaborée. La plupart de ces études, Furnham et Leiser en étant sans doute les meilleurs représentants, respectent une approche piagétienne du développement psycho-logique et on ne voit pas à ce jour d'alternative épistémologique explicite[1]. Leiser, en particulier, insiste sur le fait que le développe-ment possible d'une compétence cognitive en économie consiste en

---

1. A. F. Furnham, « The Economic Socialization of Children », *in* P. Lunt and A. Furnham (éd.) *Economic Socialization : The Economic Beliefs and Behaviours of Young People*, Cheltenham, Edward Elgar, 1996 et D. Leiser and R. Beth Halachmi, « Children's Understanding of Market Forces », *Journal of Economic Psychology*, 27, 2006, p. 6-19.

la transition de microsystèmes cognitifs isolés vers une compréhension de plus en plus intégrée du domaine. En particulier, dans le cours de son développement mental, l'*homo oeconomicus* doit inhiber le format spontanément « moral » sous lequel lui parviennent ses représentations des relations et des mécanismes économiques. Il doit également passer d'une conception basée sur les motivations individuelles des agents économiques à l'appréciation des effets agrégés des actions et des désirs des individus. Leiser donne un exemple de cette progression cognitive vers l'intégration de deux sous-systèmes, l'activité commerciale (acheter à des grossistes et revendre à des particuliers) et le salariat (la manière dont les marchands gagnent leur vie), en vue d'une compréhension plus complète d'un phénomène économique. Entre six et huit ans les enfants n'ont une claire conscience d'aucun des deux systèmes : les marchands ne payent pas pour obtenir leurs marchandises. Entre huit et dix ans, les deux systèmes se juxtaposent : d'un côté, les commerçants vendent leurs marchandises au même prix qu'ils les ont obtenues chez les grossistes (les revendre plus chères serait malhonnête), d'un autre côté leurs salaires proviennent d'une autre source (garantis par le gouvernement, par exemple). Enfin, vers l'âge de 11 ans les deux systèmes s'intègrent : les clients payent les marchandises à un prix plus élevé que celui auquel les commerçants se les sont procurées et les revenus de ces derniers proviennent de cette différence de prix.

G. H. L'éducation économique des jeunes enfants se confond souvent avec leur éducation morale, qu'il s'agisse des thèmes de l'épargne ou de l'équité, de la justice sociale, qui sont souvent les thèmes privilégiés de cette éducation économique quand elle est effectivement transmise.

S. B.-G. Il s'agit de thèmes économiques très distincts et, en effet, leur introduction formelle, au sein de discussions ou d'illustrations pratiques entre parents et enfants, prend souvent une tournure morale. Mais cet artefact éducatif repose-t-il sur une perception adéquate du développement de la conceptualisation économique ? On peut penser que les concepts et les comportements économiques ne se détachent des concepts moraux ou sociaux et n'acquièrent une forme d'autonomie cognitive que tardivement. C'est un autre phénomène que celui que souligne Leiser quand il insiste sur le processus d'intégration d'un système cognitif qui est d'abord éclaté en sous-systèmes indépendants : une théorie économique naïve est avant tout, dans cette approche, une théorie potentiellement incohérente, le développement de la compétence économique reposant sur des stratégies de raisonnement et de contrôle métacognitif destinées à réduire cette incohérence. Il est vrai qu'une des sources de l'incohérence est précisément l'origine non purement économique des conceptions qui s'appliquent à l'appréhension de concepts économiques. Ainsi, un commerçant ne peut pas vendre plus cher qu'il n'achète parce que ce serait malhonnête. Mais il y a en principe un concept économique pur qui doit se détacher de sa lecture moralisatrice et se relier à d'autres concepts économiques également purifiés de sorte que se forme une ébauche de théorie économique satisfaisante. On peut suggérer une approche alternative du développement de la conceptualisation économique, selon laquelle celle-ci serait indéfectiblement liée à des concepts d'origine non économiques et ne pourrait pas s'en détacher. Naturellement on peut apprendre à penser en termes économiques stricts, à force d'entraînement, d'éducation formelle, d'exposition précoce à certaines situations économiques archétypiques (des enchères, des gestions de budget, l'ouverture d'un compte en banque, plutôt que des échanges, des proto-marchés, des systèmes salariaux qui impliquent très spontanément des considérations morales associées à l'équité). Toutefois, la source habituelle de notre relation aux environnements économiques dépendra d'un type d'attitude et de conceptualisation sans doute non strictement économiques, et c'est peut-être dans ces sources que puise spontanément l'éducation des enfants à l'économie.

D. D. Un des exemples importants d'éducation économique porte sur l'épargne. L'éducation à l'épargne peut être vue avant tout comme une éducation au contrôle de soi.

S. B.-G. Le fait de différer une gratification, et plus généralement l'orientation comportementale vis-à-vis du futur, sont formés dans l'enfance. De plus, ces traits acquis de manière précoce et stabilisés dans l'adolescence sont fixés pour la suite et corrélés avec des caractéristiques cognitives et sociales à long terme, comme le revenu à un moment donné dans la vie et la transmission d'une génération à l'autre d'un style de comportement économique. Les habitudes de choix inter-temporel acquises dans l'enfance, et spécifiquement le délai de la gratification, sont considérées par un grand nombre de psychologues de l'économie comme ayant une influence déterminante sur le comportement et sur le statut économiques à l'âge adulte.

D. D. Plusieurs mécanismes éducatifs semblent induire ces orientations comportementales vis-à-vis du temps, par exemple le mimétisme des comportements parentaux ou l'éducation formelle et explicite[1]. La gestion dans l'enfance d'un compte en banque et la prise de décision financière autonome, tendra également à favoriser l'épargne chez ces individus précocement exposés aux pratiques de l'argent.

S. B.-G. L'arrière-plan moral et métaphysique de cette éducation à l'épargne a trait à la perception que peut avoir le jeune individu de la continuité de sa personne à travers le temps. L'épargne suppose une représentation du futur et de ses propres besoins et dispositions comportementales dans le futur. La vision keynésienne de l'épargne mettait cette capacité humaine à se projeter dans le futur au centre de l'explication de la rétention monétaire. On peut aussi exprimer le point de vue complémentaire. Le fait de « retenir » de l'argent, d'épargner, permet de se projeter dans le futur sans qu'on ait besoin d'en entretenir une représentation explicite. L'épargne est une éducation au futur peut-être au moins autant que l'inverse.

G. H. Le souci de soi semble prédominer dans l'épargne tandis qu'une autre source d'inflexion morale, éventuellement à un âge précoce, des comportements économiques est le souci des autres et la préférence pour l'équité.

S. B.-G. La préférence pour l'équité est le thème le plus largement étudié par l'économie expérimentale aujourd'hui. Les préférences pro-sociales, c'est-à-dire la prise en compte de l'utilité des autres dans mes décisions individuelles, sont indispensables à la

---

1. P. Webley and E. K. Nyhus, « Parents' Influence on Children's Future Orientation and Saving », *Journal of Economic Psychology*, 27, 2006, p. 140-164.

propension humaine à établir et à maintenir la coopération à travers des groupes d'individus non liés entre eux d'un point de vue génétique. Le développement des préférences pro-sociales chez l'enfant n'a pas été systématiquement étudié. Des jeux économiques expérimentaux ont récemment été testés par Ernst Fehr et son équipe pour tenter de mieux comprendre l'origine et le développement chez les enfants de ce type de préférences[1]. Ces jeux consistaient en des interactions singulières (non répétées) et anonymes avec des partenaires. Le comportement dans des interactions non anonymes ou répétées peut aisément être influencé par des motifs égoïstes, ou du moins stratégiques. Il ne peut pas être exclu qu'un sujet manifeste un comportement altruiste parce qu'il espère des bénéfices futurs de sa conduite pro-sociale. Pour exclure la possibilité que ces motifs prévalent sur les comportements sociaux observés, les jeux testés ne laissent pas la possibilité que la réputation des joueurs se construise. La mesure du comportement pro-social dans l'expérience réalisée par Fehr est formulée en termes d'aversion à l'inégalité. Les enfants manifestent, selon cette mesure, une aversion à l'inégalité s'ils préfèrent des allocations de biens (en l'occurrence des friandises) qui réduisent l'écart des distributions entre leur partenaire et eux-mêmes, indépendamment du fait de considérer si cet écart est en leur défaveur ou au détriment de leur partenaire. Ainsi, dans l'une des conditions expérimentales proposées, ils étaient invités à choisir entre une allocation (1 – 1) ou une allocation (1 – 0) (c'est-à-dire dans ce second cas : 1 pour eux-mêmes et 0 pour leur partenaire). Ce choix offre une mesure élémentaire du comportement pro-social dans la mesure où s'ils choisissent l'allocation (1 – 1) cela montre que les sujets préfèrent, sans que cela ne leur coûte, une allocation égalitaire à une allocation inégalitaire avantageuse. Dans une autre condition expérimentale, les sujets pouvaient choisir entre deux allocations (1 – 1) et (1 – 2), la seconde offrant donc une distribution désavantageuse pour le sujet. L'intérêt est de comparer ces deux conditions expérimentales : si un sujet est soucieux de maximiser l'utilité de son partenaire il choisira (1 – 1) dans la première condition et (1 – 2) dans la seconde. Si, au contraire, un sujet est motivé

---

1. Voir E. Fehr, H. Bernhard and B. Rockenbach, « Egalitarianism in young children », *Nature*, 454, 2008, p. 1079-1083.

par des motifs égalitaires, il choisira l'allocation (1 − 1) dans les deux conditions. Pour rendre possible l'expression d'un comportement égoïste, il faut une troisième condition expérimentale dans laquelle le sujet est amené à choisir entre les allocations (1 − 1) et (2 − 0). Le choix (1 − 1) dans cette condition donne la mesure d'une aversion extrême à l'inégalité vu qu'il implique un coût non négligeable pour le sujet. Un enfant égoïste ne fera jamais le choix égalitaire dans cette condition, indiquant par conséquent de manière non ambiguë que ce choix signale une préférence pro-sociale. Ce choix permettrait d'étayer la notion d'altruisme développée dans le champ de la biologie évolutionnaire en termes d'un transfert coûteux de valeur d'un individu à l'autre en vue de favoriser le partage des ressources. L'intérêt de l'expérience de Fehr est d'observer l'évolution des préférences d'enfants d'âges différents à travers les différentes conditions expérimentales que nous avons décrites. Entre trois et quatre ans, l'écrasante majorité des enfants se comporte de manière égoïste, tandis que les enfants de sept et huit ans préfèrent des allocations de ressources qui minimisent l'inégalité, que celle-ci soit avantageuse (1 − 0) ou désavantageuse (1 − 2).

G. H. Ces résultats montrent que les préférences pro-sociales se développent chez les enfants sous une forme particulière qui est l'aversion à l'inégalité, plutôt que sous une autre forme, par exemple un comportement altruiste coûteux pour l'individu.

S. B.-G. Paradoxalement, en bas âge, chez les enfants de trois et quatre ans, qui dans leur très grande majorité cherchent, comme on l'a dit, à maximiser leur propre utilité, on observe un comportement résiduel qui consiste à favoriser l'utilité du partenaire de l'autre joueur si cela n'implique aucun coût personnel. Il y a donc une considération possible de l'utilité des autres mais elle n'est pas sous-tendue par un refus systématique de l'inégalité. Une fois que l'aversion à l'inégalité devient le comportement dominant, vers l'âge de sept ans, on n'observe plus les comportements résiduels précédents. À ce moment-là, les préférences pro-sociales se sont fixées sous une forme bien spécifique : minimiser les écarts entre mes congénères et moi à la condition éventuelle d'un coût individuel.

D. D. L'aversion à l'inégalité peut donc se concevoir comme une contrainte de l'évolution, à savoir la nécessité de coopérer et de partager des ressources plus ou moins rares en vue de la survie de groupes humains. Il est intéressant de constater que ce trait de comportement s'est développé à partir de relations interindividuelles non-anonymes, s'est conservé au-delà de cercles restreints et est manifeste au cours d'interactions anonymes.

S. B.-G. C'est pourquoi on peut présumer que l'argent, qui est le support par excellence des échanges anonymes, comme nous avons déjà eu l'occasion de le souligner, continue de véhiculer des traits comportementaux dont l'origine se situe bien avant son apparition historique. D'ailleurs on peut également penser que si l'argent a eu un tel succès culturel, au point d'être immédiatement adopté par des sociétés qui n'en connaissaient pas l'usage, c'est qu'il est un catalyseur adéquat d'un ensemble de traits inhérents à la survie individuelle en société, en particulier la coopération (sous le mode d'une préférence pour l'équité) et, de manière conjointe, l'anticipation du futur (sous le mode d'un apprentissage possible d'un délai de la gratification). La relation à l'argent, bien qu'elle puisse naturellement faire l'objet d'une éducation spécifique, hérite avant tout des contraintes biologiques générales liées à la nécessité de la coopération et du maintien de l'intégrité personnelle au cours de l'existence d'un individu.

INTUITIONS MORALES

La corruption peut-elle être économiquement efficace ?

S. B.-G. Les transactions monétaires forment un terrain moralement sensible. Dans la plupart des cas une transaction en bonne et due forme (entre un vendeur et un acheteur, un employeur et un employé) est la garantie de la satisfaction morale des deux parties. Mais il suffit de peu de choses pour que cette transaction prenne une coloration morale négative : un prix trop élevé, un salaire trop bas. Le soupçon d'exploitation est prompt à surgir. Inversement, il y a des relations humaines que l'immixtion de l'argent semble dénaturer moralement. La tentative d'obtenir une charge de fonctionnaire, une faveur, un vote, par le versement d'une somme d'argent est immédiatement entachée d'immoralité. La corruption, les pots-de-vins sont l'objet de jugements moraux négatifs aussi spontanément, toutes proportions gardées, que peuvent l'être le meurtre ou le vol. Mais peut-on si clairement identifier, à la réflexion, ce qui rend immorales l'exploitation et la corruption ? Si l'on parvient à donner des éléments de réponse à cette question, on aura commencé à mieux cerner la relation si étroite et sensible entre l'argent (sa possession, son obtention, sa circulation) et l'expression spontanée des réactions morales.

G. H. Commençons par la corruption. Peut-on identifier ce qu'il y a de si évidemment immoral dans le versement d'un pot-de-vin ?

S. B.-G. Une définition immédiatement opératoire de la corruption contient cet élément d'immoralité par destination. Un pot-de-vin est une transaction entre deux personnes, la première offrant de l'argent (ou d'autres biens) à la seconde afin de l'amener à commettre un acte impropre ; que cet acte soit impropre en général ou, plus particulièrement, inapproprié aux attentes normales de conduite associées au statut ou à la fonction de la personne qui fait l'objet de la tentative de corruption. On peut donc déjà voir que la tentative de corruption est un acte qu'on peut considérer comme immoral par l'effet qu'il cherche à produire, mais que le facteur actuellement déclencheur d'une action immorale est le choix de céder à la tentative de corruption.

G. H. Les torts de la corruption sont-ils alors uniformément partagés ?

S. B.-G. En principe oui. Mais il faut affiner cette appréciation. Le versement d'un pot-de-vin se veut efficace. Le fait de se laisser corrompre intervient généralement comme une réponse à cette sollicitation. La personne corrompue n'aurait en général pas agi comme le requiert son corrupteur sans l'effort de corruption. On a une cause et un effet qui sont posés par ce schéma idéal dans une relation simple de continuité. Mais cette linéarité causale n'englobe pas tous les cas. Il faut, par exemple, tenir compte des dispositions préalables de certaines personnes à se laisser corrompre. La corruption ne vient pas toujours inopinément. Le corrupteur sait parfois à qui il s'adresse. La relation causale entre corrupteur et corrompu n'est pas univoque. On peut mettre l'accent sur l'effort de corruption. Mais la gravité morale de la tentative de corruption est également dépendante, rétroactivement, de la gravité de l'acte commis ou de ses conséquences. Un employé de banque est soudoyé dans le but de commettre la « négligence » de laisser la salle des coffres ouvertes. L'employé est clairement la cause accessoire du vol qui aura lieu. Inversement un candidat cherche à acheter le vote d'un électeur et ne se rend pas compte que le vote a déjà eu lieu et qu'on ne peut pas revenir dessus. L'électeur est la cible d'une tentative de corruption dont l'inefficacité n'efface pas l'immoralité. Il est illusoire de vouloir assigner systématiquement un poids décisif de responsabilité morale à une extrémité ou l'autre de la chaîne de corruption.

G. H. La corruption est-elle une forme de coercition et en cela est-elle parente d'une notion voisine, l'exploitation ?

S. B.-G. On peut mettre ces notions en rapport jusqu'à un certain point. On peut penser au fait de corrompre quelqu'un comme au fait de l'employer. La personne qui est l'objet d'une tentative de corruption dans le cadre de son emploi habituel devient alors soumise aux sollicitations de deux employeurs. Si elle accepte d'être corrompue, elle accepte deux emplois incompatibles. Elle ne peut être loyale à la fois envers ses deux employeurs et comme elle ne veut pas perdre son premier emploi – sans lequel d'ailleurs elle ne présenterait pas d'intérêt du point de vue de son second employeur, le corrupteur – elle dissimule les actes de corruption. Ce qui est intéressant avec ce type d'explication est que le caractère secret de la corruption ne s'explique pas prioritairement par la dissimulation d'un acte immoral mais par la nécessaire séparation d'intérêts divergents. Le rapport avec l'exploitation est subtil. Si l'on suppose que la corruption effective ne fait qu'entériner une disposition à être corrompu chez certaines personnes, disposition qui se manifesterait par exemple par des actes de déloyauté discrets vis-à-vis d'un employeur, quel rôle joue la corruption effective de ces personnes dont le comportement est déjà conforme à ce qu'en attend le corrupteur ?

D. D. Nous pouvons dissocier les traits moraux des personnes des caractéristiques morales qui sont attendues dans le cadre d'un emploi – par exemple un emploi public – dans lequel elles peuvent faire l'objet éventuel d'une tentative de corruption. Nous ne sommes pas obligés de postuler que la qualité d'un fonctionnaire, et sa résistance à la corruption, dépendront essentiellement de ses qualités morales privées.

S. B.-G. Le caractère personnel de la corruption, l'engagement de la moralité privée au sein de l'évaluation de la compétence publique, est néanmoins une hypothèse morale plausible, assez intuitive, même si ce n'est effectivement pas la seule. Il faut bien voir que cette hypothèse a un versant positif et un versant négatif. On aura ainsi respectivement tendance à penser qu'une personne douée de vertus les conservera dans l'exercice de ses fonctions. Dans l'autre sens, un fonctionnaire corrompu sera intuitivement jugé comme personnellement moralement dégradé.

D. D. Ce versant négatif met en lumière le caractère causal de la corruption. Mais la relation causale est ici complexe : non seulement un acte de corruption subvertit une relation de confiance professionnelle ou un processus institutionnel, mais il porte atteinte à l'intégrité des agents impliqués dans cet acte de corruption. La corruption est avant tout une pratique criminelle, encadrée juridiquement, et n'est pas liée spécialement à l'argent, même si on peut penser que l'argent est le vecteur le plus commun et commode de la corruption. Les cas paradigmatiques de corruption concernent les atteintes à la concurrence libre et l'égalité d'accès à des fonctions ou à des marchés publics.

S. B.-G. En effet, il est naturel d'avoir prioritairement une approche juridique des phénomènes de corruption, bien qu'il nous intéresse ici d'insister sur la modélisation économique de la corruption, ce qui permet peut-être de mettre plus clairement en évidence le rôle particulier qu'y joue l'argent. La théorie économique considère la corruption comme une transaction. Les tarifs de la corruption dépendent classiquement d'un équilibre entre l'offre et la demande et la fréquence des transactions assure la stabilité de ces tarifs. Le courant de pensée appelé « économie du choix public » a développé une conception particulièrement réaliste de la corruption. Les comportements économiques s'expliquent par le désir de maximiser son utilité individuelle dans un contexte de rareté des ressources. Les motivations morales n'ont pas de poids dans cette conception. La seule contrainte consiste dans l'effet dissuasif des sanctions pénales : chaque agent calculera le rapport coûts/bénéfices de ses actes, de même qu'au niveau social agrégé on calculera le niveau optimal de dépenses publiques allouées à la justice et à la police pour contrecarrer les phénomènes de corruption. Dans un livre classique, Susan Rose-Ackerman[1] a proposé une analyse de la corruption selon trois mécanismes d'allocation des ressources qui représentent des domaines potentiellement corruptibles dans la société : politique, administratif et économique. Dans chacun de ces domaines il y a corruption lorsqu'un agent, destiné normalement à l'accom-

---

1. S. Rose-Ackerman, *Corruption : A Study in Political Economy,* New York, New York Academic Press, 1978.

plissement de certaines fonctions, est payé par un corrupteur, pour ne pas remplir ses engagements vis-à-vis d'un principal. Dans le cas politique, par exemple, l'agent est un élu et le principal un groupe d'électeurs. Il y a corruption en général lorsque le contrôle du principal sur l'agent et l'information dont le principal dispose concernant les actions de l'agent ne sont pas optimaux. En règle générale, la situation est une situation d'asymétrie informationnelle, au sens où le principal ne dispose pas, et aussi, le plus fréquemment, ne cherche pas à disposer, d'une information complète au sujet de l'agent. Cette asymétrie rend possible la corruption dans la mesure où, sur la base d'une information incomplète un contrôle pleinement efficace du principal sur l'agent n'est pas possible. La confiance est trahie, mais la confiance n'étant qu'un substitut à un manque d'information structurel, elle doit nécessairement s'accompagner de prudence de la part du principal : mise en place de commissions de contrôle, rôle des pouvoirs publics. Le problème est que ces instances de contrôle sont également corruptibles, ce qui fragilise la relation de confiance entre agents et principaux et renvoie à la nécessité d'une approche réaliste et économique du problème de la corruption.

D. D. Du point de vue des agents se livrant à des pratiques de corruption, celles-ci peuvent être interprétées, en termes économiques, comme des « recherches de rente ».

S. B.-G. Krueger au sein du courant de pensée du choix public, a en effet interprété la corruption dans les termes d'une relation entre principal et agent en situation d'information asymétrique[1]. Le marché crée des rentes de monopoles vouées à disparaître sous l'effet de la concurrence. L'État biaise cet effet positif du marché en subventionnant et en protégeant, d'une manière ou d'une autre, ces rentes de situation. La corruption apparaît quand le fonctionnaire partage la rente avec l'entreprise à laquelle il assure légalement un monopole sur le marché. Cette approche n'est pas aussi simpliste qu'elle en a l'air. D'un côté, il est clair que la corruption apparaît parce que l'État joue un rôle qui va à l'encontre de l'efficacité du marché, mais, de l'autre, paradoxalement, elle importe des

---

1. A. O. Krueger, « The Political Economy of Rent-Seeking Society », *American Economic Review*, 64, 1974, p. 291-303.

mécanismes de marché et de concurrence potentielle au sein du système bureaucratique d'État.

D. D. Ce qui revient à affirmer que la corruption présente à son tour une certaine efficacité en réponse à celle, devenue défaillante, du marché.

S. B.-G. Oui. L'idée que la corruption peut être efficace n'est pas du tout nouvelle en économie. La corruption selon ce point de vue, permet aux individus de contourner des politiques bureaucratiques inefficaces, et elle peut être considérée comme une réponse secondaire du marché face à des échecs antérieurs de l'État. Une illustration à cet égard consiste dans les réponses différenciées des bureaucraties au Chili et au Brésil dans les années 1960 au contrôle étatique des prix alimentaires. Au Chili, la bureaucratie a entériné la décision gouvernementale et la production a stagné. Au Brésil, une bureaucratie corrompue a saboté cette même décision et la production s'est accrue au bénéfice des consommateurs.

D. D. Il est clair que la notion d'une efficacité de la corruption est un raisonnement de second degré : étant donné un ensemble de distorsions générées par certaines politiques gouvernementales, la corruption peut promouvoir des allocations alternatives de ressources en permettant aux agents de contourner ces politiques, mais un raisonnement de premier degré serait de chercher à remédier directement à ces distorsions.

S. B.-G. Naturellement. Mais étant donné ces distorsions, et dans l'impossibilité ou le manque de volonté d'y remédier, on peut formuler deux arguments selon lesquels la corruption peut favoriser des allocations de ressources plus efficaces : premièrement, la corruption accélère les procédures administratives et, deuxièmement, la corruption introduit une compétition en vue de l'obtention de ressources d'État rares. L'effet de la corruption, dans ces conditions, est donc une amélioration des services. On a proposé deux formalisations distinctes de ces effets vertueux de la corruption. Dans le modèle de la file d'attente (« *queue model* ») proposé par F. T. Lui un fonctionnaire doit allouer des permis (industriels) à des individus qui font la queue pour les obtenir [1]. Ces individus, à des degrés divers, n'aiment pas faire la queue, mais ces différences de goût ne peuvent pas être observées par le fonctionnaire. Les permis sont accordés sur le principe que ceux qui souhaitent (et peuvent) payer un pot-de-vin suffisamment élevé sont servis en premier. Cette simple règle minimise le temps moyen passé dans la file d'attente. La raison en est que les pots-de-vin révèlent à quel point les individus n'aiment pas attendre dans la queue et en collectant le pot-de-vin le plus élevé, le fonctionnaire corrompu donne la priorité à ceux qui valorisent suffisamment le fait d'être servis rapidement. De manière intéressante, le fonctionnaire ne veut pas ralentir le rythme de la file d'attente, car cela découragerait de nouveaux entrants et diminuerait le montant des pots-de-vin. Dans la modélisation de la corruption sous forme d'enchères, l'analogie entre le versement de pots-de-vin et des enchères ouvertes et compétitives est explorée. Les deux mécanismes sont isomorphes. Les fonctionnaires corrompus peuvent être considérés comme des commissaires-priseurs d'un type particulier. L'idée d'une efficacité de la corruption tient donc à l'hypothèse qu'elle facilite une allocation efficace de ressources.

D. D. En somme, selon cette approche, la corruption augmente l'efficacité économique des interactions entre secteur privé et secteur public. En corrompant des fonctionnaires, des agents du secteur privé contournent des inefficacités qui seraient sinon entretenues par ces fonctionnaires. Mais une objection qui tombe sous le sens est que la corruption ne peut améliorer l'efficacité de l'allocation des ressources que si les objectifs des fonctionnaires et de leurs contreparties dans le secteur privé se trouvent coïncider avec une augmentation du bien-être général qui dépasse les intérêts particuliers mis en jeu.

S. B.-G. La notion de corruption efficace est évidemment basée sur une série de postulats problématiques qui la rendent théoriquement insatisfaisante et réduit par conséquent sa pertinence empirique. Très simplement, pour commencer, les fonctionnaires

---

1. F. T. Lui, « An Equilibrium Queuing Model of Bribery », *Journal of Political Economy*, 93, 1985, p. 760-81.

corrompus peuvent ajuster à la fois la quantité et la qualité des services et leur motivation est de favoriser le pot-de-vin qui maximise leur utilité personnelle plutôt que celle qui représente la plus grande efficacité économique et sociale. Un autre problème tient dans le coût d'opportunité impliqué dans le fait de maintenir le caractère secret des actes de corruption ainsi que la recherche de partenaires. Ces coûts font que finalement la modélisation de la corruption ne peut pas être équivalente à celle d'une enchère compétitive. De plus les contrats passés entre les agents corrompus et les agents corrupteurs ne peuvent pas être sanctionnés légalement, entraînant une insécurité certaine des droits de propriété. Mais la critique la plus fondamentale que l'on puisse formuler porte sur la fragilité de l'hypothèse selon laquelle l'inefficacité étatique à laquelle la corruption est supposée apporter une solution est un phénomène exogène, c'est-à-dire lui-même indépendant de la présence de pratiques de corruption, alors qu'il est permis de penser qu'en réalité ces problèmes sont mis en place et maintenus par des politiciens corrompus précisément parce qu'ils favorisent ces pratiques.

D. D. Le niveau de corruption est également sensible à différents modes d'organisation de l'État. Comme l'a montré l'article célèbre de Shleifer et Vishny, la corruption est inexistante si les administrations sont en concurrence permanente pour la provision de biens publics ; elle atteint un niveau moyen si l'administration est centralisée et accepte des pots-de-vins pour les différents services dont elle est en charge ; elle est maximale quand plusieurs administrations décentralisées et indépendantes se répartissent des monopoles sur des secteurs d'activités différents[1].

S. B.-G. Une autre question concerne les moyens d'action dont dispose l'État pour lutter contre la corruption de ses fonctionnaires. On a vu qu'une approche simple et intuitive de la corruption pouvait être donnée en termes de conflit de loyauté d'un agent envers deux employeurs, dont l'un est le corrupteur potentiel ou effectif. L'État ne peut préjuger de la loyauté de ses employés et doit anticiper et

---

1. A. Shleifer and R. W. Vishny, « Corruption », *Quarterly Journal of Economics*, 108, 1993, p. 599–618.

prévenir la concurrence salariale éventuellement exercée par des agents corrupteurs. On peut imaginer qu'il y a un salaire optimal qui détourne les fonctionnaires de la tentation des pots-de-vin, ou alors qu'il y a un salaire minimal au-dessous duquel les fonctionnaires préféreraient travailler dans le secteur privé et qu'il s'agit par conséquent pour l'État de leur verser ce salaire de réserve plus une prime d'incorruptibilité. Mais le dilemme de l'État est de pouvoir être en mesure de statuer sur l'efficacité relative de cette prime d'incorruptibilité par rapport à une tolérance de la pratique des pots-de-vin (étant donné un salaire inférieur au salaire de réserve). Une autre difficulté, mise en lumière par Acemoglu et Verdier, est qu'il peut être contre-productif de payer l'ensemble des fonctionnaires au-dessus d'un salaire concurrentiel par rapport au secteur privé parce qu'une telle pratique étatique induit une mauvaise répartition des talents[1]. Des salaires élevés dans le secteur public sont susceptibles d'y attirer des individus dont les talents entrepreneuriaux seraient socialement plus efficaces si ceux-ci se tournaient vers le secteur privé. Le salaire optimal, par conséquent, reflète un équilibre. D'un côté, un salaire élevé réduit la corruption dans la bureaucratie, ce qui donne une plus grande garantie aux droits de propriété et encourage les investissements. D'un autre côté, ces salaires élevés dans la fonction publique attirent des individus dont les talents seraient mieux employés dans le secteur privé. L'État a donc peut-être intérêt, dans certaines circonstances, à laisser s'installer une marge de corruption dans sa bureaucratie, dans la mesure où la corruption apparaît quand l'État délègue la correction de défauts relativement mineurs à une bureaucratie corruptible.

Dans quelle mesure l'exploitation est-elle moralement condamnable ?

S. B.-G. On peut fournir une définition générale abstraite de l'exploitation, mais elle sera impraticable : *A* exploite *B* quand *A* tire un avantage injuste de *B*. Mais qu'est-ce qu'un traitement juste de *A* envers *B* ? Quelles sont les attentes légitimes de *B* envers *A* en termes

---

1. D. Acemoglu and T. Verdier, « The choice between market failure and corruption », *American Economic Review*, 90, 2000, p. 194–211.

de traitement juste? Et en quelles circonstances? Comment une attente morale trouve-t-elle sa traduction monétaire juste?

G. H. Les dimensions morales et économiques semblent irréductiblement enchevêtrées dans le concept d'exploitation, et du coup il est précisément intéressant de s'en s'étonner. Comment se fait-il qu'on opère une projection morale immédiate sur une relation économique entre individus? Il s'agit peut-être de faire le même genre de déplacement symptomatique que celui que nous avons opéré pour la corruption. Un phénomène jugé comme éminemment immoral peut, sous une certaine analyse et sous certaines conditions, au moins théoriques, recouvrir une certaine efficacité économique. Avec la notion d'exploitation, c'est un peu la démarche complémentaire. Une relation économique jugée spontanément immorale ne l'est peut-être pas autant qu'on le pense.

D. D. Les définitions les plus courantes de l'exploitation mettent l'accent sur l'aspect immoral d'une relation économique entre exploiteur et exploité dans des termes non équivoques tels que l'instrumentalisation de la personne ou de ses capacités à des fins propres. Ainsi la capacité de travail qui devrait servir à des fins individuelles est détournée au profit de l'exploiteur. Dans la même veine, l'exploitation consistera dans le fait que le revenu du capitaliste (sous-entendu l'exploiteur) dérive d'un surplus de labeur qui échappe au contrôle du travailleur. L'accaparement de ce surplus est le fait même de l'exploitation par le capitaliste.

S. B.-G. La limite évidente de ces définitions courantes est qu'elles envisagent l'exploitation, sans y réfléchir davantage, comme un jeu à somme nulle : si quelqu'un gagne, alors nécessairement quelqu'un perd. Si l'exploiteur a intérêt à louer la force de travail d'un individu, alors forcément l'exploité perd quelque chose qui a trait à l'usage, la productivité, l'emploi de sa force de travail. C'est cette conception économique sous-jacente qui est problématique et favorise les projections morales, en termes d'intuitions d'équité, sur les rapports de travail salarié. On peut caractériser cette conception économique comme «conservative» au sens où le profane, en économie, a beaucoup de mal a envisager l'idée que la somme de richesse en jeu dans une relation économique peut varier, qu'elle n'est pas conservée à l'identique au cours du processus économique concerné, qu'il n'y a pas une somme fixe (un « gâteau ») à se partager et qu'un surplus pour quelqu'un ne correspond pas forcément à une moins-value pour quelqu'un d'autre. Dans une étude récente Bourgeois-Gironde et Leiser ont mis en évidence que cette intuition « conservative » était partagée par plus de trois quarts de la population dans son appréhension de divers mécanismes économiques.

G. H. À supposer qu'un surplus de richesse soit créé à travers la relation exploiteur/exploité, l'évaluation purement morale de l'exploitation tient encore au fait que l'exploité a une marge de manœuvre réduite. On n'est pas exploité si l'on obtient ce que l'on veut à un prix juste et raisonnable. Or, le refus de l'exploitation met l'exploité dans un état de vulnérabilité sociale plus grand que s'il continue à accepter le contrat désavantageux dans lequel il se trouve. L'état de vulnérabilité latente d'un individu est ce dont peut tirer avantage un exploiteur pour établir une relation inique avec cet individu.

S. B.-G. Ce qui ramène l'analyse de l'exploitation à une considération plus générale des rapports de force au sein d'une société, et pas seulement entre deux individus. Une société favorise l'exploitation lorsque sa structure sociale est organisée de telle sorte qu'un surplus (variable) de travail est systématiquement requis d'une classe d'individus au profit d'une autre. Roemer considère que toute société pour laquelle on peut envisager une alternative dans laquelle ses membres amélioreraient globalement leur situation est une société basée sur l'exploitation[1]. Toutefois, il ne faut pas omettre le fait que l'exploitation, même si elle est le résultat d'un rapport de force inégal entre deux parties dans la société, n'est pas nécessairement imposée aux individus exploités, dans le sens où la relation d'exploitation peut être et est généralement choisie volontairement et peut même présenter certains avantages à la partie exploitée. Le fait que la relation d'exploitation revête des aspects moraux critiquables, et puisse être décrite, alternativement, en

1. J. Roemer, « Should Marxists Be Interested in Exploitation ? », *Philosophy and Public Affairs*, 14, 1985, p. 30-65.

termes de détournement de fins individuelles propres au bénéfice de l'exploiteur, d'instrumentalisation, de traitement d'un autre individu comme un moyen plutôt que comme une fin, de captation du surplus de valeur produite par le travailleur qui ne concerne pas immédiatement sa survie ou l'entretien de sa force de travail, ne préjuge pas de l'intérêt possible que l'exploité peut tirer de cette relation, en dépit du fait que cette dimension est généralement invisible aux yeux de l'exploité lui-même. Il ne s'agit pas ici de justifier moralement l'exploitation, même si on peut par contre chercher à atténuer les excessives critiques morales qui lui sont traditionnellement adressées. Car il s'agit simplement de montrer que la dimension morale négative de la relation d'exploitation ne s'appuie pas nécessairement, d'un point de vue analytique, sur son iniquité économique.

G. H. On peut regretter la juxtaposition parfois irréfléchie, dans les jugements intuitifs sur l'exploitation, d'une approche marxiste et d'une approche kantienne. Les définitions techniques, propres à l'approche marxiste, insistent sur le fait que l'exploiteur *A* tire un avantage indu de l'exploité *B*. Une approche morale de type kantien insistera sur le fait que *A* utilise *B* comme un moyen, qu'il l'instrumentalise. Il est clair que l'approche marxiste n'est pas exprimée en termes économiques purs. Elle doit préciser pourquoi il n'est pas normal que *A* tire avantage de *B* si la relation entre les deux parties est contractuelle. Elle ignore aussi le fait que cette relation peut être éventuellement efficace d'un point de vue économique, laissant présumer qu'elle est essentiellement une critique morale qui ne s'assume pas pleinement comme telle. L'approche kantienne, qui a de son côté une justification morale intrinsèque et pleinement assumée, semble ignorer le fait que l'exploitation peut être le résultat d'un consentement mutuel.

S. B.-G. Une approche marxiste ou kantienne formulée dans des termes aussi naïfs risquerait en effet de trivialiser la notion d'exploitation et de la rendre philosophiquement inintéressante. L'exploitation n'est pas identique à la coercition, bien qu'un élément de coercition puisse entrer dans la définition de l'exploitation. Mais elle n'en forme pas le tout, et dans certains cas elle en est totalement absente. Tandis que certaines relations d'exploitation sont très clairement nuisibles pour l'exploité, il y en a d'autres qui peuvent lui assurer un bénéfice. Il est trivial de dire qu'il est moralement répréhensible pour A de profiter d'une action qui nuit de manière injustifiable ou exerce une coercition sur B. Même un philosophe libertarien admettra qu'une telle relation puisse être prohibée par l'État, ne serait-ce que parce qu'elle viole des droits inaliénables. En revanche, il n'est pas du tout trivial de chercher à expliquer quand et pourquoi il serait moralement répréhensible que A cherche à profiter d'une action qui bénéficie également à B et à laquelle B consent volontairement. Et, *a fortiori*, il devient difficile d'expliquer pourquoi la société devrait prohiber de telles relations entre les individus et refuser de valider ce type d'accords entre eux. Il vaut donc la peine de distinguer clairement, en vue d'une analyse de la notion d'exploitation, entre les aspects économiques et les aspects moraux. Ainsi, du point de vue économique, on pourrait commencer par distinguer entre une relation d'exploitation néfaste et une relation d'exploitation mutuellement avantageuse. Par relation mutuellement avantageuse, on peut entendre le type de transaction qui garantit un gain à l'exploité et à l'exploiteur. Du point de vue moral, on peut semblablement distinguer entre l'exploitation consentie et l'exploitation non consentie. Dans le premier cas la personne qui est exploitée a donné son consentement, volontaire et éclairé, à la transaction. En procédant ainsi, on souligne la question non triviale du point de vue philosophique : peut-on considérer que certains arrangements, mutuellement consentis, sont répréhensibles du point de vue moral et, si oui, pourquoi ? Si, à l'inverse, on veut défendre la position morale selon laquelle des relations mutuellement consenties ne peuvent pas être injustes, on peut aussi se demander à partir de quel moment l'exploitation devient moralement insupportable.

G. H. La question morale du consentement et la question, de nature plus directement économique, de l'équité, sont orthogonales, non pas seulement parce qu'elles appartiennent à des sphères normatives distinctes, mais, plus foncièrement, parce que l'une – l'équité – porte sur le résultat de la transaction et l'autre – la volonté libre – sur les modalités ou le processus de cette transaction. Ce sont deux dimensions dissociées : un processus peut être non consenti et mené à un résultat équitable, ou inversement. Dans quelle mesure les deux ingrédients, processuels et finaux, de l'exploitation doivent-ils aller de pair ? L'un des deux est-il plus essentiel à la caractérisation d'une relation ou d'une transaction comme relevant de l'exploitation ?

S. B.-G. Il faut ajouter une distinction supplémentaire : processus, résultat, ainsi que bénéfice pour *A* et effet sur *B*. Le bénéfice pour *A* peut être dû au fait que l'écart entre les gains de *A* et ceux de *B* sont excessifs, mais sans que cela n'implique que *B* ait été maltraité moralement, contraint d'une manière ou d'une autre. La question est de savoir en quoi l'idée que *A* tire un bénéfice de la relation entre *A* et *B* implique nécessairement qu'un tort ait été commis envers *B*. Est-ce que les notions de « bénéfice pour *A* » et « effet sur *B* » peuvent être dissociées dans l'analyse ? Ce n'est pas clair. Il y a plusieurs manières selon lesquelles *A* peut causer du tort à *B*. *A* peut ne pas employer *B* à la hauteur de son talent. Par exemple, imaginons que *A* est la société française à une certaine époque et *B* l'ensemble des femmes dans la société française à cette époque, *A* cantonne *B* dans un certain type d'emplois pour lesquels *B* est surqualifié, *A* en tire un avantage social certain et de ce fait directement, et non pas seulement du fait que *B* a été limité dans ses aspirations, *A* peut être dit avoir exploité *B*. Mais si *A* a rejeté *B* de tout emploi, du fait d'une politique de discrimination complète, sans permettre à *B* d'occuper un quelconque emploi, *A* ne peut pas être dit avoir exploité *B*, parce qu'il n'en a tiré aucun avantage direct. Le tort commis à *B* ne rapporte rien à *A*. L'effet sur *B*, moralement négatif, n'est pas corrélé nécessairement à un bénéfice pour *A*.

D. D. Ce fait stylisé renvoie à la différence notable entre oppression et exploitation. *A* opprime *B* quand il le prive de droits et d'opportunités auxquels il peut prétendre. Si *A* tire un bénéfice de son oppression de *B*, alors il l'opprime et l'exploite à la fois. Mais s'il n'y a pas de bénéfice, la relation d'oppression, moralement condamnable en elle-même n'est pas doublée d'une relation d'exploitation. Or, des difficultés apparaissent rapidement pour préserver nette à l'esprit cette distinction entre oppression et exploitation dans plusieurs cas de figure. Les travailleurs sont peut-être exploités, mais sont-ils opprimés ? On pourrait dire que certaines personnes qui n'ont pas accès à l'emploi sont opprimées, par exemple du fait de pratiques discriminatoires, mais, à moins de spécifier dans quel sens cette discrimination bénéficie à quelqu'un, on ne peut pas dire que ces personnes sont exploitées. L'analyse marxiste répandue du chômage en termes d'une « armée de réserve » qui permet d'exploiter les travailleurs par des salaires plus bas que ceux auxquels ils auraient droit est non explicative dans la mesure où elle ne fait que réaffirmer que les capitalistes tirent un profit de l'oppression d'une classe d'individus, mais ne montre pas qu'il y a une corrélation analytique entre l'oppression et l'exploitation. Ceux qui sont éventuellement opprimés, dans cette analyse, ne sont pas exploités et ceux qui sont exploités ne sont pas opprimés. Si la question philosophiquement non triviale est de chercher à expliquer pourquoi une relation d'exploitation entre A et B est moralement condamnable et si on souhaite faire appel pour cela à une corrélation entre le bénéfice obtenu par A et l'effet négatif exercé sur B, il est assez peu éclairant de chercher la réponse en mentionnant l'effet d'un autre type d'action de A sur C, laquelle action ne tombant pas elle-même sous le concept d'exploitation.

S. B.-G. La source du défaut logique de cette suggestion marxiste pour rendre compte des rapports entre exploitation et oppression, ou plus généralement pour rendre compte de qui est moralement répréhensible dans une relation d'exploitation, est aisée à détecter. Elle tient au postulat de style tautologique, mais en réalité non analytique, que les bénéfices obtenus par A se font au détriment de B et que les torts causés à B proviennent d'une action délibérée de A. Le recours à un tiers (les opprimés sans emploi) est une voie commode pour dissimuler le fait qu'à maintenir le postulat indiqué on peut ne rien dire de substantiel sur la relation d'exploitation entre A et B. L'approche marxiste de la notion d'exploitation est bloquée par ce postulat et elle s'en sort en mobilisant une notion qui n'est pas requise par l'analyse. On peut donner une dénomination précise à ce postulat et indiquer de fait les alternatives analytiques possibles : une approche marxiste aura tendance à considérer l'exploitation comme un jeu à somme nulle, ce qu'elle n'a aucune raison d'être a priori. Nous suggérons par conséquent de séparer conceptuellement entre l'idée de « bénéfice pour A » et l'idée de « tort causé à B ».

Même si des exemples frappants d'exploitation mettent conjointement en œuvre ces deux idées, elles ne sont pas analytiquement liées. Par exemple, on pourrait concevoir l'exploitation comme une forme de parasitisme économique : A bénéficie de B, mais B l'ignore ou s'il le sait, n'a pas de raison de se sentir exploité par A. Feinberg donne un exemple de ce type : un automobiliste utilise les feux arrière d'un autre automobiliste pour se guider dans un brouillard épais[1]. Le second automobiliste instrumentalise une ressource produite par le premier, mais on ne voit pas en quoi ce dernier devrait s'en sentir spolié. Pour bien comprendre si une relation entre A et B revêt un caractère d'exploitation ou pas, il n'est pas inutile de se concentrer un temps exclusivement sur l'effet de cette transaction sur B. Si les bénéfices que B tire de son emploi sont plus grands que ceux qu'il tirerait de son non-emploi, alors tout simplement cet emploi est bénéfique pour B, toutes choses étant égales par ailleurs. Si une relation de travail bénéficie à B et excède pour celui-ci le coût d'entrée dans cette transaction, elle n'est pas néfaste à B, même si elle revêt un caractère d'exploitation, au sens où A profite du travail de B dans une mesure non négligeable. Le postulat d'asymétrie de la position de bénéficiaire qui caractérise l'analyse traditionnelle marxiste de la notion d'exploitation peut être rompu si l'on considère qu'une relation d'exploitation peut être bénéfique aux deux parties impliquées.

G. H. Donc bien que mutuellement avantageuse, la relation entre A et B peut demeurer une relation d'exploitation de B par A.

S. B.-G. Oui, le fait que A et B tirent mutuellement profit de leur relation n'empêche pas que A tire son profit plus particulier au détriment de celui de B. C'est là que l'on peut mieux saisir, dans notre compréhension intuitive ou philosophiquement réfléchie de la notion d'exploitation, le rapport entre morale et économie. Imaginons une situation de maladie affectant les récoltes de blé. Un certain épicier A qui avait conservé des stocks de farine y voit une opportunité de tirer un profit anormal. Il fait passer le prix du kilo de farine de 2 à 20 euros. Si B accepte de payer 20 euros le kilo de

---

1. Voir J. Feinberg, *Harmless Wrongdoing*, Oxford, Oxford University Press, 1988.

farine, parce que cette denrée, dans les circonstances données, vaut au moins cela pour lui, alors la transaction bénéficie aux deux parties, bien que l'on puisse nier que *A* exploite *B*. Une même structure préside aux relations, certes moralement plus douloureuses, entre laboratoires pharmaceutiques et, par exemple, malades du sida. Il peut sembler intuitif de dire que les malades bénéficient de l'AZT vendus par les laboratoires à des prix excessifs et que, dans ces conditions, les malades sont exploités par les laboratoires.

D. D. Ce dernier exemple ne peut pas être généralisé. Car on pourrait penser qu'une transaction entre deux personnes ne tombe sous le concept d'exploitation que dans la mesure où la première serait en position de tirer avantage de la vulnérabilité de la seconde. Mais ce n'est pas exact. Si *A* fait une offre raisonnable que *B* n'a pas d'autre solution que de l'accepter, étant donnée sa situation désespérée, il n'est pas du tout clair que *A* exploite *B*. Si un médecin propose une intervention chirurgicale vitale, à un tarif accessible, il est difficile d'affirmer que le patient s'en trouve exploité.

S. B.-G. On doit opérer une double comparaison de la transaction dont on dit qu'elle présente un caractère d'exploitation mutuellement avantageuse avec deux points de référence : une transaction qui correspondrait à un équilibre d'équité et pas de transaction du tout. Le fait de payer 20€ pour un kilo de farine est néfaste pour *B* si nous comparons cette transaction avec un équilibre d'équité, mais elle lui est bénéfique si nous la comparons avec l'absence de transaction. De nombreuses situations sont ainsi comparables à ce double point de référence.

G. H. Cette double comparaison ne permet-elle pas justement d'articuler les éléments d'oppression et d'inégalité qu'on associe traditionnellement à l'exploitation ? Quand un individu est dans la situation où une transaction inéquitable est préférable à l'absence de transaction, n'est-il pas contraint à cette transaction et, par là même, opprimé ? Cette situation n'est-elle pas essentiellement différente de celle où un individu est simplement lésé par rapport à un certain équilibre d'équité mais sans que cette transaction lui soit indispensable ? Dans le cas où *B* n'est lésé que par rapport à l'équilibre d'équité on peut parler de transaction injuste, mais si l'absence de transaction ne le lésait pas également par ailleurs, en quel sens cette transaction injuste revêtirait-elle un caractère d'exploitation? *B* serait désavantagé dans une transaction, mais sans l'élément de contrainte, voire de coercition, explicite ou implicite dans la situation, l'exploitation ne semble pas avérée.

S. B.-G. C'est tout le point. Si l'équilibre d'équité n'est pas atteint pour *B* – c'est-à-dire si l'écart entre les bénéfices de *A* et les bénéfices de *B* est excessif – mais si, en même temps, *B* profite davantage de cette transaction que de l'absence de transaction – peut-être en effet parce qu'il y est contraint – alors l'exploitation de *B* par *A* est un cas d'exploitation mutuellement avantageuse. Personne ne nie que la relation d'exploitation mutuellement avantageuse continue à être une relation d'exploitation tout court. Il n'est pas du tout exclu qu'au sein d'une relation d'exploitation mutuellement avantageuse, *A* traite *B* comme un moyen à son propre avantage plutôt que comme une fin en lui-même, pour reprendre la terminologie kantienne. Traiter ainsi une personne revient à exploiter, de manière néfaste et non avantageuse pour elle, une personne. Ce cadre kantien est intéressant notamment parce qu'il permet de faire sortir la notion d'exploitation du cadre typique de la relation entre capitalistes et travailleurs dans lequel les théoriciens marxistes l'ont confinée. Toutes les fois où des personnes sont utilisées comme de simples instruments pour les gains d'une autre personne ou d'un groupe de personnes, on peut parler d'exploitation. Cela peut arriver dans des relations d'affaires. Deux banquiers prospèrent peuvent se trouver dans une relation d'exploitation.

G. H. La généralisation de la maxime kantienne «ne pas traiter quelqu'un d'une manière à laquelle il ne pourrait consentir», comme dans les cas de coercition ou d'extorsion, paraît peu applicable à la situation des deux banquiers. *A* cherche, dans ces cas-là, à porter atteinte à la capacité de *B* de raisonner en tant qu'agent autonome. Or, dans le cas des banquiers on peut imaginer que l'exploitation est consentie. Le fait que l'un soit instrumentalisé par l'autre peut être mutuellement accepté. La question, du point de vue kantien, est alors de savoir si une instrumentalisation consentie viole la maxime que nous venons de rappeler. Où est la source du mal dans l'exploitation? Dans l'instrumentalisation, quelles qu'en soit les conditions, ou dans la coercition, l'absence de consentement? Faut-il que l'instrumentalisation soit d'un certain type pour qu'elle soit moralement répréhensible, ou suffit-il qu'il y ait instrumentalisation pour que la relation entre deux individus tombe sous les divers concepts de coercition, extorsion, exploitation?

S. B.-G. Il semble que les notions kantiennes d'instrumentalisation et de consentement ne suffisent pas à établir ou à infirmer la distinction entre exploitation néfaste et exploitation mutuellement avantageuse. Plusieurs cas de figure sont envisageables, et si l'on ne veut pas tomber dans une casuistique trop raffinée, chacun doit évaluer le poids qu'il met sur l'instrumentalisation et sur le consentement dans l'évaluation d'une relation d'exploitation comme étant absolument néfaste ou potentiellement mutuellement bénéfique. Mais il est plus simple pour nous ici d'admettre qu'il puisse y avoir des transactions qui présentent nettement un caractère d'exploitation et qui sont néanmoins mutuellement bénéfiques. La question qui nous intéresse alors est plus simple. Il s'agit de comprendre ce qui fait qu'une relation mutuellement avantageuse puisse être considérée comme inique. Cette question est pour nous centrale. Elle pointe à la source du jugement moral négatif qui continue d'être porté sur une relation qui, dans certaines circonstances, peut être à la fois mutuellement bénéfique et mutuellement consentie. La notion kantienne d'instrumentalisation suffit-elle à expliquer que l'on porte ce jugement négatif? Ou faut-il en découvrir la source dans des principes théoriques et des réactions morales d'un autre type? Nos attitudes morales vis-à-vis de l'argent, par exemple.

G. H. Ce qui est échangé au cours de la transaction peut constituer un critère d'évaluation de la nature de cette transaction. On a vu que l'argent est un moyen d'homogénéiser, selon une unité commune, la valeur des biens échangés. Dans certains cas, dont on aura tendance à penser qu'ils impliquent un risque d'exploitation d'un agent de la transaction par l'autre, cette homogénéisation de la valeur par l'argent ne semble pas réalisée.

S. B.-G. Quand deux biens considérés comme incommensurables sont échangés, on peut en effet être tenté de juger que la transaction est injuste et de soupçonner qu'une partie est exploitée par l'autre. On peut penser aux cas de ventes d'organes[1], sur lesquels nous reviendrons plus spécifiquement. Seulement il n'est pas du tout clair qu'il y ait des biens incommensurables. Et même s'il y en a, est-il naturel de penser que le travail – qui est le bien paradigmatique envisagé dans la discussion de l'exploitation – fasse partie de ces biens incommensurables?

D. D. On peut revenir à des cas plus simples. Quand on compare les gains respectifs des parties engagées dans une transaction, on sera tenté de dire que cette transaction revêt un caractère d'exploitation quand il est clair que *A* gagne beaucoup plus que *B*; en laissant dans le vague ce que « beaucoup plus » veut dire.

S. B.-G. Certes, mais si l'on compare les gains respectifs de *A* et de *B*, en termes d'utilité marginale, par rapport au point de référence que constituerait l'absence de cette transaction, le plus souvent *B* – l'individu exploité – est davantage bénéficiaire que *A* – l'exploiteur. Donnons-en une illustration extrême. Si un chirurgien exploite la situation vitale d'un patient en requérant des honoraires excessifs, il n'en demeure pas moins que le chirurgien gagne moins dans cette situation que le patient. Le marchand de farine, en pratiquant des tarifs excessifs, est peut-être moins bénéficiaire dans cette situation que le client qu'il exploite et qui tire une utilité très élevée de son achat. Le pouvoir de l'exploiteur sur l'exploité provient précisément du fait qu'il y a ce renversement d'utilité marginale par rapport à l'absence d'exploitation entre eux. L'exploité a davantage besoin de la relation et cela explique aussi pourquoi il lui est plus difficile d'en sortir que l'exploiteur. Une des choses que fait ressortir cette esquisse d'analyse est l'aspect secondaire de l'élément de coercition par rapport à l'estimation de l'utilité comparée des parties. Parce qu'il en tire un plus grand avantage, l'exploité est davantage lié par la relation. On ne peut donc pas évaluer l'équité d'une transaction en faisant uniquement référence aux gains respectifs des parties.

---

1. Pour une mise en perspective philosophique approfondie de cette question, voir V. Gateau, *Pour une philosophie du don d'organes*, Paris, Vrin, 2009.

D. D. Mais la référence normative à l'absence de transaction par rapport à laquelle on cherche à évaluer quelle partie est finalement la plus bénéficiaire dans la transaction n'est pas très aisée à opérer. Il s'agit d'une démarche mentale hypothétique, caractéristique du raisonnement économique : sous des conditions d'informations parfaites, dans un marché purement compétitif non biaisé, cherchons à évaluer les gains respectifs des parties.

G. H. Une autre limite, mais c'est peut-être aussi un avantage, de cette analyse, est que la propriété d'exploitation découle de transactions spécifiques, singulières. L'analyse est au cas par cas. Dans la littérature habituelle sur la question il s'agit d'un rapport social durable impliquant des ensembles d'individus plutôt que des parties analytiquement isolées.

S. B.-G. Il n'y a pas de raison de penser que l'exploitation concerne des groupes d'individus et pas d'autres. Je peux être riche, mais être exploité par un marchand de farine. Je peux gagner un haut salaire et être exploité par mon employeur. Il n'y a même pas de raison de penser que dans toutes les relations d'exploitation, l'exploité est moins bien loti que l'exploiteur. En réalité, les considérations extrinsèques à la relation d'exploitation ont peu de poids analytique sur la caractérisation de cette relation comme tombant bien sous le concept d'exploitation, même si on leur accorde généralement un poids moral qui vient brouiller l'analyse. Notre difficulté est d'un ordre très spécifique, en effet. Nous voulons mettre en évidence qu'une relation donnée entre deux parties est clairement injuste – au sens d'une répartition des bénéfices entre les deux parties – tout en étant mutuellement avantageuse à ces deux parties. La question conceptuelle peut donc être reprécisée : le manque d'équité suffit-il à caractériser cette relation comme relevant de l'exploitation, ou faut-il isoler un élément supplémentaire inhérent au processus qui aboutit à la répartition inéquitable des bénéfices ? Autrement dit, bien que nos intuitions sur l'exploitation soient en surface guidées par des considérations d'équité, elles impliquent une dimension processuelle dont il faut rendre compte et qui n'est pas suffisamment caractérisée en termes d'instrumentalisation et d'absence de consentement.

G. H. Ces derniers éléments ne sont pas suffisants théoriquement, mais il est intéressant de noter qu'ils sont prioritairement retenus par les philosophes marxistes et les philosophes libertariens et les conduisent à des conclusions opposés. Pour les marxistes, les travailleurs salariés, bien qu'ils ne soient pas des esclaves, et bien qu'il soit peut-être difficile de préciser en quoi ils font l'objet d'une coercition directe, n'acceptent pas volontairement leur statut professionnel. Ils transfèrent leur force de travail aux capitalistes sous la contrainte des relations économiques. Pour les libertariens, les transactions sur le marché ne sont pas contraintes, l'exploitation est librement consentie, et dans ce sens il n'y a pas vraiment d'exploitation si cet élément de coercition est analytiquement indispensable à cette notion.

S. B.-G. En fait, il y a des cas d'exploitation pour lesquelles la question du consentement, de la coercition ou de l'engagement libre ne se pose pas. Il y a des situations dans lesquelles l'exploité est entièrement passif. *A* peut vendre des photographies de *B* sans que *B* en soit conscient. *B* n'aurait probablement pas donné son consentement, et, en ce sens, *B* est exploité. Cette exploitation à l'insu de *B* est peut-être le cas le plus général. L'exploitation telle qu'elle est comprise par les marxistes ou les kantiens suppose que l'exploitation non consentie se fasse explicitement contre la volonté de *B*, mais il est peut-être plus vraisemblable et réaliste d'un point de vue psychologique de souligner que l'exploitation est le plus souvent subie par *B* et qu'il est souvent loin de pouvoir préciser en quoi il est exploité. Bien sûr, il y a des situations objectives d'exploitation vis-à-vis desquelles le jugement, la conscience ou la volonté de *B* ne forment pas un critère. Mais le point que nous soulignons est que la condamnation morale de l'exploitation semble relativement indépendante du consentement de *B*. Ceux qui condamnent l'exploitation invoquent le plus souvent les caractéristiques de coercition et d'inégalité qu'ils jugent inhérentes à ce concept, mais ils continuent à la condamner même quand on rend apparents des cas d'exploitation consentie et mutuellement avantageuse. Sur quelle base morale réfléchie s'opère cette condamnation ? S'il s'agit d'une intervention paternaliste, elle présente un aspect paradoxal, car elle consiste en fait à interrompre, pour le bien de *B* en principe, une transaction qui lui est plus avantageuse que son absence. La condamnation morale de l'exploitation, dans le cas des transactions qui peuvent être présentées comme des relations d'exploitation mutuellement avantageuses, atteint difficilement une cible bien identifiée. L'exploitation pourrait consister en un mal sans attache, («*a free-floating evil*»), comme l'appelle Feinberg, un mal qui n'est un mal pour personne.

D. D. Même si l'exploitation est moralement condamnable, elle n'est sans doute pas la forme la plus aiguë d'inégalité ou d'injustice. Dire cela n'enlève rien à sa force morale négative, mais on peut penser que cette condamnation devrait s'appuyer sur un critère le plus précis possible, comme par exemple l'existence d'une relation causale entre les positions respectives de *A* et de *B* dans la transaction. On peut présumer que la plupart des injustices qui prévalent entre *A* et *B* n'impliquent pas une telle relation causale. En revanche, si un employeur ne rémunère pas ses employés en fonction de leur productivité, parce qu'il fournit un salaire égal à chacun, cet employeur exploite ses meilleurs employés mais pas ceux qui font la contribution la plus faible. Mais si les jugements d'équité prennent le pas sur les jugements de mérite, comme cela semble être le cas dans certaines condamnations morales typiques de l'exploitation, on est vite conduit à la position incohérente selon laquelle une répartition plus équitable dans une circonstance d'exploitation des individus les plus productifs est plus juste qu'une répartition des profits dans laquelle les individus les plus productifs ne sont pas exploités. Or, les intuitions morales qui semblent présider à la condamnation morale de l'exploitation sont les jugements d'équité.

S. B.-G. C'est en effet l'élément psychologiquement dominant puisqu'il semble résister à la suppression des autres facteurs apparemment déterminants, comme la coercition et, possiblement, le mérite. Mais il y a peut-être une intuition morale encore plus primitive qui nous fait tendre à considérer l'exploitation comme particulièrement moralement répugnante, à savoir, comme on l'a vu, que la rémunération des individus n'est pas considérée comme véritablement commensurable à leur contribution à la transaction envisagée. Elle ne le devient, paradoxalement, que dans le cas où l'on ne tient plus compte de la valeur des contributions respectives des individus dans la transaction, et l'équité devient en quelque sorte un moindre mal dans une situation de commensurabilité imposée.

La répugnance morale comme contrainte sur le marché

S. B.-G. Il existe des transactions qui posent un problème moral non pas prioritairement du fait qu'elles donneraient lieu à un échange injuste, mais du simple fait qu'elles ont lieu. Ces transactions font l'objet de répugnance morale. L'exploitation, pour un grand nombre d'individus, est moralement répugnante précisément dans ce sens. Même si elle s'avère mutuellement avantageuse aux parties, la simple existence d'une transaction qui présente un caractère d'exploitation suscite un jugement moral négatif. Il faut néanmoins distinguer entre deux cas de figure très différents. Parfois l'exploitation peut avoir présidé à la présence d'un bien sur le marché, mais la présence de ce bien, indépendamment du fait qu'il a été produit dans des conditions moralement répréhensibles, ne provoque pas elle-même de répugnance morale. Ainsi du coton peut avoir été récolté par des esclaves ou des chaussures de sport fabriquées par des enfants en Asie et susciter de ce fait une réaction morale négative, mais cette réaction est différente, en principe, de celle qui serait provoquée par la présence elle-même d'esclaves ou d'enfants asiatiques sur le marché. La manière dont un bien parvient sur le marché et la présence d'un bien sur le marché peuvent donner lieu à des évaluations éthiques dissociées.

D. D. L'exploitation est un cas ambigu sous ce rapport parce que ce qui est visé à travers son évaluation morale négative est la manière dont la force de travail parvient sur le marché et y est rémunérée. Or, même quand l'exploitation ne comporte pas réellement d'élément de coercition ni de prise d'intérêt inique, son évaluation morale négative ne disparaît pas nécessairement pour autant, indiquant que c'est alors l'existence d'un type de transactions, plutôt que la qualité des processus qui les ont favorisées, qui est moralement visée.

S. B.-G. Le fait que certains biens fassent l'objet d'une transaction sur un marché répugne moralement à certaines personnes alors que le fait d'échanger ces mêmes biens volontairement et gracieusement ne leur pose pas de problème. Le marché revêt certaines transactions d'une coloration morale repoussante. La raison en est que certains échanges sont considérés comme n'ayant aucune mesure avec le type d'homogénéisation de la valeur que produit le marché. Il vaut mieux parfois aucun échange, ou un don, qu'une évaluation monétaire du bien dont on pense qu'il ne peut faire l'objet d'aucune transaction monétaire. Une vie humaine, par exemple, n'est pas censée avoir de prix, bien que le travail des compagnies d'assurances soit précisément de le calculer. De manière intéressante on peut chercher à contraindre l'insertion des biens incommensurables dans le domaine monétaire tout en reconnaissant leur incommensurabilité, comme dans le cas de l'octroi d'un euro symbolique dans certains procès.

D. D. Une logique similaire préside aux dons d'organe. Dans de nombreux pays, la loi bannit toute compensation monétaire pour les donneurs d'organes. Cependant, dans la mesure où, comme aux États-Unis, la demande d'organe surpasse de beaucoup l'offre de donneurs, certains économistes commencent à recommander l'adoption d'innovations dans les canaux d'échanges d'organes, en particulier les reins, inspirées des mécanismes de marché.

S. B.-G. En effet, parmi les économistes qui recommandent d'adopter pleinement un marché pour les organes, on peut compter Gary Becker et Julio Elias[1]. La position d'Elias est que, bien qu'elles puissent susciter une forte répugnance morale, les incita-tions monétaires constituent la manière la plus efficace d'augmenter le nombre d'organes disponibles en vue de réaliser les transplants nécessaires. Cette position est fortement contestée par Alvin Roth, économiste à l'Université de Harvard, qui insiste sur le fait que la contrainte culturelle et morale que constitue la répugnance suscitée par la possibilité de telles transactions monétaires est indépassable et qu'il faut, par conséquent, répondre au problème d'une offre basse par l'amélioration des mécanismes d'échanges non monétaires[2].

1. G. Becker and J. J. Elias, « Introducing Incentives in the Market for Live and Cadaveric Organ Donations », *Journal of Economic Perspectives*, 21, 2007, p. 3-24.
2. A. Roth, « Repugnance as a Constraint on Markets », *Journal of Economic Perspectives*, 21, 2007, p. 37-58.

D. D. Pour Elias, la seule manière réaliste d'éliminer les longues files d'attente sur le marché des greffes de reins est d'augmenter l'offre. La seule façon de le faire est d'introduire des incitations monétaires dans la mesure où il est possible de le faire sans augmenter de manière excessive les coûts chirurgicaux. Mais Roth insiste sur le fait qu'une très grande majorité d'individus s'opposent à une telle proposition parce qu'ils la jugent immorale, même si les bénéfices publics qui seraient induits par le fait de résoudre le problème de la pénurie d'organes sont significatifs. Cette position une fois adoptée impliquerait la réification et la marchandisation de parties du corps humain. Certains arguments mettent également en avant la coercition et l'exploitation des donneurs pauvres qui suivraient une libéralisation du marché d'organes.

S. B.-G. Certaines personnes refusent aussi tout simplement l'idée d'un marché pour les organes. Mais la répugnance est une disposition ou une attitude dynamique. Le fait de mettre des esclaves sur le marché n'a pas de tous temps suscité des réactions de dégoût. Le fait de vendre des organes a peut-être trait à une forme de répugnance qui n'est pas exclusivement morale, ou, disons, à une forme de répugnance morale qui trouve son origine évolutionnaire dans un dégoût plus physiologique. Nous pourrons y revenir. L'idée qu'on peut souligner ici, par rapport à la position de principe de Roth, est qu'il n'y a pas de raison de penser, à moins de montrer effectivement que les contraintes morales qui pèsent sur la possibilité des transactions monétaires d'organes sont d'une nature spécifique, que les attitudes dans ce domaine ne puissent pas évoluer. Des comportements qui ne semblaient répugnants à personne, comme l'hippophagie, sont devenus l'objet d'une forme de dégoût assez répandue, à tel point qu'un État comme la Californie bannit la vente et la consommation de la viande de cheval. A l'inverse, des pratiques qui semblaient répugnantes comme la commercialisation des cadavres à des fins d'études de l'anatomie, comme en Angleterre au début du XIXᵉ siècle ont, en l'espace de quelques années, été légalisées. La dynamique de la répugnance n'est pas univoque et est elle-même dépendante de l'efficacité des marchés considérés. La répugnance morale contraint les marchés, mais on peut considérer assez naturellement qu'un des effets du marché est en retour de modeler les attitudes morales des individus. Un exemple récent est la « taxe carbone », le droit de polluer et, plus généralement, les techniques de mesure de la valeur introduites par l'économie de l'environnement, en particulier la mesure de la « disposition à payer » (« *willingness to pay* ») pour conserver, par exemple, un environnement non pollué, ou au contraire de la disposition à accepter un dédommagement monétaire (« *willingness to accept* ») et ne pas conserver un environnement sain. On peut imaginer que les attitudes morales vis-à-vis de l'usage de prix issus du marché pour remédier à la pénurie d'organes peuvent aussi évoluer de manière endogène, si, effectivement, l'introduction d'un tel marché peut s'avérer efficace.

D. D. Les reins transplantés proviennent de donneurs morts ou vivants. Les modalités actuelles du don d'organes peuvent être améliorées de telle sorte que des volontaires qui ne trouvent pas, selon les modalités d'appariement actuelles, de patients compatibles, puissent avoir accès à une base de données de patients plus large.

S. B.-G. C'est effectivement le genre de propositions avancées par Alvin Roth. Plusieurs pays ont aujourd'hui intégré dans leur législation le principe du consentement implicite, qui permet de contrecarrer les objections des héritiers d'un donneur décédé. Mais il n'est pas sûr que, même si l'on parvenait à optimiser le nombre de dons volontaires de reins, on réduirait suffisamment l'écart entre l'offre et la demande et il n'est pas non plus certain qu'un système d'échanges sans transaction financière, aussi perfectionné soit-il, puisse s'approcher de l'efficacité du marché. Seulement, le problème ne se pose pas, pour la plupart des gens, en termes d'efficacité, mais plutôt en termes de répugnance morale à admettre l'existence de telles transactions. Or, aller contre une répugnance morale généralisée représente également un coût dans la société qu'il ne faut pas négliger. La question de choix public qui se pose est de savoir si le coût de souscrire aux prescriptions de la répugnance morale est inférieur ou supérieur à celui d'admettre des compensations monétaires pour les donneurs d'organes et de combler par là le déficit de l'offre. Curieusement, les économistes n'ont pas cherché, à ma connaissance, à calculer ce coût social de la répugnance morale. On peut présumer qu'ils sont plus faibles que le coût des vies que l'inhibition de la contrainte de répugnance permettrait de sauver. Naturellement un tel calcul utilitariste est difficile à réaliser, notamment parce qu'il implique une sorte d'incommensurabilité de deuxième ordre entre, d'un côté, l'évaluation des coûts sociaux respectifs de la répugnance et de la libéralisation des échanges d'organes et, de l'autre côté, une réflexion éthique sur la désirabilité d'une société dans laquelle ce genre de calcul a lieu. Une position critique vis-à-vis de la marchandisation des organes, ou d'autres cas pour lesquels l'introduction d'un marché susciterait la répugnance morale, se contente souvent d'appuyer ce type d'incommensurabilité de second ordre et d'enjoindre à une considération déontologique des traits agréables de la société et de sa sphère marchande. Cette position est par principe insensible aux arguments utilitaristes de premier ordre.

D. D. Le système actuel de circulation des organes entre le donneur et le receveur est économiquement autarcique. Les patients en attente d'un organe sont contraints d'attendre que le rein d'un donneur de leur entourage soit disponible. Roth cherche à améliorer l'accès à l'information sur les reins disponibles dans une communauté élargie, mais un tel système amélioré demeure par principe moins efficace qu'un marché monétaire, vu qu'il repose sur le principe de la coïncidence des besoins.

S. B.-G. Elias et Becker ont calculé qu'étant donné l'offre et la demande actuelles, le prix d'équilibre d'un rein serait de \$15.000. Il s'agirait d'un véritable prix de marché. On pourrait imaginer que l'introduction de l'argent dans l'échange d'organes prenne d'autres formes, indépendantes du marché. Ainsi, il n'y pas de raison de penser que le receveur d'un rein ne puisse parfois souhaiter compenser son donneur, qu'il ait eu auparavant avec lui un lien personnel ou non. Dans ce cas, cette compensation financière libre ne constitue pas un prix qui émerge sur le marché. Certains des arguments mobilisés habituellement contre l'introduction d'un marché d'organes – à savoir l'idée d'une coercition exercée à l'égard de potentiels donneurs pauvres si un prix est mis sur les reins, ou encore l'idée que la valorisation monétaire des organes ouvre la brèche à des pratiques dangereuses et encore plus répugnantes, comme leur utilisation à des fins de garanties bancaires – n'ont pas lieu d'être invoqués si le receveur décide de compenser librement le donneur. Le problème est que cette compensation financière libre suscite également de la répugnance morale, du seul fait de l'appréciation d'un acte, de la part du receveur, qui est perçu comme la possibilité de rendre commensurables le transfert d'une partie du corps humain avec une somme d'argent. Bien qu'il soit facile d'objecter qu'à travers une compensation libre de sa part, le receveur ne cherche pas nécessairement à se sentir quitte mais plutôt considère que son bienfaiteur puisse être remercié de son geste, l'introduction de l'argent dans cette interaction tend à susciter la réprobation morale.

G. H. On peut donc distinguer entre les arguments moraux qui peuvent être utilisés contre l'existence d'un marché pour les reins et les réactions viscérales de répugnance morale qui sont suscitées par telle ou telle pratique commerciale.

S. B.-G. Il est utile d'identifier la source de nos réactions morales négatives face à certains marchés afin d'introduire une discussion utilitariste claire de deuxième ordre sur le coût social respectif encouru par l'absence de ces marchés et par le fait d'aller contre une répugnance morale généralisée. Une régularité comportementale souvent observée est que certaines transactions ne sont pas répugnantes tant qu'elles demeurent des dons ou des échanges en nature, mais qu'elles le deviennent à partir du moment où l'argent y est introduit. La répugnance médiévale à l'égard des prêts à intérêts tombe dans cette classe, de même que la prohibition d'une rémunération pour les mères porteuses d'enfants destinés à l'adoption. Les prêts, l'adoption et les échanges sexuels sont spontanément perçus comme des actes généreux, intrinsèquement bons lorsqu'ils sont octroyés gratuitement, mais soudain connotés négativement quand ils donnent lieu à des compensations financières, libres ou fixées par le marché.

G. H. Offrir de l'argent, quand ce n'est pas répugnant, est souvent jugé inapproprié, inadéquat et source de malaise social. Imaginez des invités à un dîner qui au lieu de promettre de retourner l'invitation ou d'apporter une bouteille de vin proposent de payer le repas.

S. B.-G. Les objections à l'encontre de la monétisation des échanges sont de trois catégories principales : la crainte de la marchandisation – à savoir du risque que mettre un prix sur certaines choses les transforme en une classe d'objets impersonnels – le risque de coercition ou d'exploitation des donneurs pauvres, et, comme nous l'avons déjà évoqué, le risque d'introduire des précédents dangereux. Revenons sur le problème de l'exploitation. Est-il certain que la mise des reins sur le marché augmenterait la coercition? Ne la diminuerait-elle pas plutôt à l'égard des proches des patients sur lesquelles des pressions morales familiales peuvent s'exercer? En droit, les contrats sont nuls et non avenus s'il est démontré qu'une partie est sous l'influence d'une autre partie avec laquelle elle entretient une relation personnelle particulière. En revanche, une compensation monétaire excessive n'est pas interprétée en droit comme un exercice de la coercition. Dans un article sur le marché légal du rein en Iran, Ghods et Savaj expriment l'opinion selon laquelle l'accessibilité sur le marché de reins ne provenant pas de proches des receveurs a considérablement réduit la coercition familiale [1].

D. D. Dans un échange récent dans le *American Journal of Transplantation* plusieurs spécialistes ont proposé de contourner la répugnance de paiements purs et simples pour des reins, tout en limitant les possibles pertes financières pour les donneurs vivants [2]. Ils proposent un ensemble de bénéfices en termes d'assurances, de compensations pour les dépenses, de revenus diminués pendant la période d'opération, et un dédommagement qu'ils fixent à $5.000. Cette somme représente un gain marginal pour des personnes fortunées, mais plusieurs mois de salaire pour d'autres. Présente-t-elle pour ces dernières un risque de coercition?

S. B.-G. C'est une question qui se pose aussi en dehors des circuits du don d'organes. Les comités d'éthique qui encadrent la recherche biomédicale posent une borne supérieure à la rémunération des sujets de crainte que les plus pauvres d'entre eux se

---

1. A. J. Ghods and S. O. Savaj, *Clinical Journal of the American Society of Nephrology*, 1, 2006, p. 1136-1145.
2. Voir R. S. Gaston *et al.*, « Limiting Financial Disincentives in Live Organ Donation : A Rational Solution to the Kidney Shortage » *American Journal of Transplantation*, 6, 2006, p. 2548–2555.

sentent contraints de participer aux expériences proposées. L'idée est sans doute ici d'éviter une hétérogénéité de motivation peu souhaitable dans la relation des individus aux expériences en vue d'une interprétation cohérente de leurs résultats, mais cet argument n'est pas pertinent dans le cas des échanges d'organes. Ici la nécessité qu'un donneur pauvre peut obtenir la somme d'argent proposée peut l'emporter sur la volonté libre de donner et par conséquent le contraindre. En l'absence de cette rémunération, il n'est pas certain que le donneur ait donné. L'introduction d'un prix pour les organes sur un marché risque donc d'introduire une plus grande efficacité des échanges au détriment, peut-on penser, de la volonté libre des agents. L'enjeu moral tient à ce qui est échangé, dans ce cas ce n'est pas une marchandise comme une autre, mais une partie du corps humain, dont la vente est généralement admise comme beaucoup plus aliénante que, par exemple, la force de travail.

D. D. Il est temps de réfléchir, surtout aujourd'hui, au rôle du marché dans la réalisation du bien public. Il y a une opinion de plus en plus répandue que le marché s'est détaché des valeurs fondamentales et qu'il faudrait relier le marché et les valeurs, qu'il faudrait, en particulier, moraliser le marché. Est-ce que cela a un sens ?

S. B.-G. Une reconnexion du marché et des valeurs ne va pas de soi, et supposer qu'il y ait bien eu auparavant une connexion entre le marché et certaines valeurs est également loin d'aller de soi : il suffit de renvoyer aux réflexions de Hirschman sur les conceptions rivales du marché pour se rendre compte des valeurs contradictoires dont on a pu penser dans l'histoire qu'elles étaient incarnées ou réalisées par le marché[1]. De quoi parle-t-on ? De valeurs personnelles ? La moralisation des comportements individuels vis-à-vis de l'argent est alors mise en avant. Des vices, comme l'appât du gain, dont on imagine qu'ils sous-tendent le fonctionnement du marché, sont censés être remplacés par des vertus individuelles et collectives comme l'intégrité, la confiance, la responsabilité, l'équité dans les

1. A. O. Hirschman, « Rival Interprétations of Market Society : Civilizing, Destructive, or Feeble ? » *Journal of Economic Literature*, 20, 4, 1982, p. 1463-1484.

échanges. Mais cette prescription est dénuée de sens. Il est difficile, et sans doute absurde, de chercher à caractériser quels vices et vertus individuels sont consubstantiels au marché. Le marché est un produit dérivé d'une somme d'intérêts personnels. L'appât du gain ou la malhonnêteté dans les échanges sont des vices personnels, mais toute l'idée du marché est de transformer ces vices en instruments du bien public. L'idée est clairement exprimée par Adam Smith quand il affirme que ce n'est pas de la bienveillance du boucher, du brasseur ou du boulanger que nous attendons notre dîner, mais de la considération qu'ils ont pour leur intérêt personnel. Ce n'est pas à leur humanité que nous nous adressons mais à l'amour qu'ils portent à eux-mêmes. Il n'y a guère que les mendiants qui comptent, pour leur survie, sur la bienveillance de leurs concitoyens. Vouloir restaurer des vertus individuelles, dont il est peu probable qu'elles aient pu un jour prévaloir socialement, est de peu d'utilité, car il ne ressort pas de la fonction d'un banquier, d'un cadre commercial, ou d'un quelconque acteur sur le marché, de manifester des vertus personnelles de bienveillance et d'équité.

D. D. Avancer l'idée d'une moralisation des marchés doit avoir un autre sens que le recours à des vertus réalisées au niveau individuel. Quant à la discussion au niveau agrégé ou collectif, il n'est pas sûr qu'elle puisse être posée de manière conceptuellement cohérente en termes de vices ou de vertus, mais plus naturellement en termes d'efficacité du marché pour réaliser certains biens publics dont l'évaluation est extérieure aux mécanismes du marché. La question de la moralisation du marché prend alors certainement un sens plus clair si on la comprend comme une interrogation sur la place plus ou moins importante que l'on peut accorder à des mécanismes de marché dans la promotion de biens publics.

S. B.-G. Ce qui est visé par les critiques du rôle du marché dans la vie publique est certainement une séparation entre la morale et le marché. Un philosophe politique comme Michael Sandel, qui articule clairement cette position critique, renvoie constamment à l'idée des « limites morales du marché »[1]. Que signifie cette

---

1. Voir en particulier, M. Sandel, *What Money Can't Buy : The Moral Limits of Markets*, The Tanner Lectures on Human Values, Oxford, 1998.

expression ? On peut penser qu'elle pointe vers des sphères de la vie, privée ou collective, au sein desquelles les mécanismes de marché – et les solutions éventuellement efficaces que de tels mécanismes permettent d'atteindre – n'ont pas leur place. Les limites morales du marché sont, si l'on suit bien Sandel, externes. Il vaut mieux, pour la préservation du bien public, ou de certains biens collectifs, que la morale et le marché soient séparés, que les marchés restent à leur place. Parfois cette position est simplifiée et résumée dans l'idée populaire qu'il y a des choses, des biens (comme des organes par exemple), que l'argent ne doit pas permettre d'acheter. Mais pourquoi préserver une sphère de la moralité hors d'atteinte du marché, si l'on ne pense pas par ailleurs qu'il y a bien un risque de contamination morale par le marché, que les mécanismes de marché sont de manière endogènes porteurs de certains vices ?

D. D. Sandel s'inquiète de processus de privatisation de services publics, comme les écoles, les hôpitaux ou les prisons, au sein desquels les valeurs du marché, comme la recherche des profits, se substituent à des normes publiques. Les forces policières ou militaires sont occupées dans une proportion non négligeable par des firmes privées. Sandel y voit une démission de l'esprit républicain, voire national. La défense d'un pays pourrait être assurée majoritairement par des ressortissants d'un autre pays, puisque l'enrôlement dans les forces armées se ferait sur la base du volontariat et de la rémunération de son engagement.

S. B.-G. Sandel, dans ses conférences Tanner, sur « *Les Limites du Marché – ce que l'argent ne peut pas acheter* », multiplie les exemples, pernicieux à ses yeux, de pénétration par les mécanismes de marché – essentiellement la mise en place d'incitations financières dans des sphères d'activité qui en étaient dépourvues, ou qui, plus exactement, comme il omet de le dire, n'étaient pas absentes, mais étaient bureaucratiquement, plutôt que compétitivement, attribuées. À l'opposé des arguments que nous avons développés plus haut sur le rôle potentiellement efficace de la corruption dans la sphère étatique, Sandel pense que l'argent corrompt, ou plus exactement corrode, les fonctions publiques. Il faut toutefois bien saisir la nature des arguments de Sandel. Il n'est certainement pas aisé de montrer comment le marché corroderait les valeurs publiques en lui substituant des « valeurs du marché », comme la recherche du profit et la cupidité, et Sandel n'offre pas vraiment de démonstration à cet égard, même si cette hypothèse de la substitution de valeurs d'un certain type par d'autres valeurs est bien ce qui domine sa position et qu'il est possible d'argumenter précisément cette hypothèse. On peut imaginer deux arguments principaux. Ou bien l'on pense que le marché est porteur de valeurs néfastes qui se substituent à certaines valeurs morales positives dès qu'on libéralise ou privatise un domaine. Ou bien l'on pense que le marché n'est pas porteur de valeurs spécifiques, mais que ses mécanismes ont tendance à affaiblir les valeurs morales qui préexistaient à leur irruption. Ainsi, ou bien l'on argumentera en utilisant une hypothèse « substitutionniste » quant aux valeurs, ou bien en utilisant une hypothèse purement destructrice, le marché corrompt, corrode, détruit. Pour simplifier : ou bien l'on dira que les valeurs de l'argent remplacent les valeurs morales indépendantes ; ou bien l'on dira que l'argent détruit les valeurs morales qui préexistent à son intervention. Mais comment se fait-il que les valeurs morales soient si labiles sous un régime de marché ?

D. D. La logique du raisonnement de Sandel ne semble pas trancher entre ces deux hypothèses et oscille de l'une à l'autre. Il n'offre pas d'explication très claire des mécanismes de corruption des sphères morales indépendantes du marché par les procédures importées du marché. Dans les exemples que ce philosophe propose, il y a plutôt un appel constant à des intuitions morales censément partagées par le plus grand nombre, mais probablement surtout partagées par le plus grand nombre de personnes issues d'une certaine élite morale et intellectuelle, dont il ne faut certes pas négliger l'impact politique normatif en matière d'utilisation noble des ressources monétaires, d'un État ou d'un individu. Il suffit de citer certains des exemples qui sont censés pour lui illustrer le rôle moralement corrupteur de l'argent et du marché.

S. B.-G. Un de ces exemples concerne l'initiative, dans des écoles new-yorkaises, de donner $50 aux élèves qui réussissent certains tests, ou alors de rémunérer, dans des écoles texanes, $2 la lecture d'un livre par un enfant. Pourquoi est-ce choquant ? Parce que nous accordons de la valeur au fait de considérer comme une fin propre, non extrinsèquement motivée, le succès scolaire, le progrès intellectuel, l'intérêt et le plaisir de la lecture. Il est possible que nous ne considérions pas ces biens comme des biens intrinsèques, mais nous n'acceptons pas en tout cas qu'ils tombent dans n'importe quelle relation extrinsèque. Il est acceptable qu'un élève s'intéresse à l'école en vue d'une réussite professionnelle ultérieure, mais il n'est pas acceptable, tant qu'il est élève, que ses motivations soient directement liées à un gain monétaire. Un autre exemple discuté par Sandel est la proposition de politique d'immigration de Gary Becker. Pour résoudre le problème de savoir qui admettre aux États-Unis, il suggère de mettre un prix à la citoyenneté américaine, entre 50.000 et 100.000$. Les candidats à l'immigration prêts à payer pour l'accès à la citoyenneté seraient, d'après Becker, les plus motivés. D'autres propositions qui organiseraient un marché international pour les réfugiés, et qui, contrairement à celle de Becker, ne feraient pas reposer le poids financier de l'immigration sur les réfugiés eux-mêmes mais sur les États, pourraient présenter des traits efficaces. Néanmoins, ce genre de propositions blesse la conscience morale. Pourquoi ? Même si, au bout du compte, certaines des solutions proposées contribueraient au bien-être des personnes concernées, la répugnance qu'on peut éprouver tient à nouveau à la conception que nous avons de ce que sont des réfugiés et de la manière dont ils doivent être traités. Les envisager comme des sources de revenus pour des États paraît les déshumaniser. La position critique de Sandel à l'égard de telles propositions semble indiquer que, selon lui, le marché ne consiste pas simplement en un ensemble de mécanismes, mais qu'il véhicule certaines normes, et en l'occurrence certaines manières d'évaluer les biens échangés.

G. H. On peut reprendre dans les mêmes termes l'exemple de la rémunération de la lecture scolaire. Un mécanisme de marché censé motiver des enfants, qui peut-être autrement n'ouvriraient pas un livre, risque de se transformer en norme culturelle de substitution. Au lieu d'envisager la lecture comme un bien intrinsèque, ce mécanisme de marché peut habituer les enfants à envisager la lecture comme un moyen d'obtenir de l'argent de poche, érodant à la longue la valeur intrinsèque de la lecture.

S. B.-G. Une étude d'économie comportementale réalisée sur un groupe de crèches en Israël, par Gneezy et Rustichini, offre un exemple intéressant de substitution d'une norme issue d'un mécanisme de marché à une pratique basée sur des valeurs intrinsèques (ponctualité, respect communautaire, etc.)[1]. Les crèches étaient exposées au problème classique du retard des parents, obligeant les puériculteurs à des horaires plus longs. Pensant résoudre ce problème, les crèches instituèrent une amende pour les retardataires. De manière intéressante, le résultat de cette nouvelle règle fut l'augmentation considérable des retards. Les parents ne répondaient pas de manière directe à une incitation, ou plutôt à une tentative de dissuasion, financière. Le mécanisme de marché introduit, au lieu de s'avérer simplement neutre et efficace, avait modifié les normes en vigueur. Le paiement d'une amende permettait que les parents habituellement retardataires cessent d'éprouver de la culpabilité pour leurs comportements, tandis que des parents habituellement ponctuels avaient à présent à leur portée un moyen de s'autoriser des retards en payant pour ce qu'ils pouvaient considérer comme un service supplémentaire de la crèche.

G. H. La frontière entre les amendes et les honoraires est assez fine. Les amendes incorporent une réprobation morale ou légale tandis que les honoraires n'ont aucune dimension morale. Supposons qu'on impose une amende de 100 euros aux personnes qui laissent des déchets derrière eux dans un site naturel particulier, par exemple la baie du Mont Saint-Michel. Imaginons un touriste suffisamment fortuné pour trouver pratique de laisser ses canettes de bière dans la nature pour cette somme. Dans l'esprit de ce touriste l'amende est transformée en honoraire pour le ramassage des ordures. Même s'il paye l'amende nous aurons tendance à penser qu'il a commis une faute morale en traitant la baie du Mont Saint-Michel comme un dépotoir coûteux et qu'il n'a simplement pas conféré à l'endroit la valeur qui lui convient.

S. B.-G. Cet exemple est directement pertinent pour l'analyse des termes des débats environnementaux. Doit-on poser les problèmes

---

1. U. Gneezy and A. Rustichini, « A Fine is a Price », *Journal of Legal Studies*, 29, 2000, p. 1-17.

en termes d'amende ou d'honoraires ? Faut-il que les États assignent des limites à l'émission de gaz à effet de serre et mettent à l'amende les entreprises qui les excèdent ? Ou faut-il qu'ils commercialisent des droits de polluer ? Dans cette seconde perspective, on pensera qu'une entreprise qui pollue n'est pas équivalente à un touriste qui souille un site naturel, mais que la pollution est un coût encouru par l'activité industrielle. À supposer qu'en termes purement économiques les deux solutions soient les mêmes et aussi efficaces l'une que l'autre, a-t-on intérêt à adopter l'une plutôt que l'autre ? La question revient à savoir s'il est intéressant de moraliser le débat et de promouvoir certaines valeurs concernant l'environnement. La réponse tient dans l'adoption d'un mécanisme ou d'un autre – amende ou vente de droits de polluer. L'idée des opposants à l'adoption de normes de marché tient à ce que ces mécanismes ne sont pas neutres et favorisent l'émergence de normes différentes.

G. H. Un des exemples les plus connus de substitution inefficace d'une norme de marché à une norme morale ou sociale indépendante du marché est donné par l'étude de différents systèmes de don du sang qu'a menée le sociologue Richard Titmuss en 1970[1]. Il montre que les compensations monétaires tendent à réduire le nombre de donneurs de sang, et à réduire aussi la qualité du sang donné. Son explication est qu'en mettant un prix sur le sang, on transforme un don en marchandise et on modifie la norme sociale associée au don du sang. Une fois que le sang est acheté et vendu sur le marché, les gens sont moins enclins à agir sur la base d'une obligation morale ou d'une disposition morale comme l'altruisme.

S. B.-G. Cela nous amène à chercher à mieux comprendre les normes sociales qu'on tend à opposer aux valeurs du marché, ou plus généralement, aux valeurs de l'argent. Il est précisément question de relation à l'argent quand on met en avant les attitudes altruistes, le don gracieux ou le refus du profit en tant que normes que des mécanismes de marché risquent de corrompre ou d'éroder. On peut opposer de manière exogène, comme le fait Sandel, les

---

1. Voir R. M. Titmuss, *The Gift Relationship*, Londres, Allen and Unwin, 1970.

valeurs pro-sociales et les valeurs de marché. Mais on peut penser au contraire que les attitudes morales sont parfois contre-productives ou irrationnelles et qu'il pourrait, en tout cas dans certaines situations et en vue de la promotion efficace du bien public, être utile de réprimer les intuitions ou les réactions morales sur la base desquelles on pense défendre parfois ces valeurs fondamentales de charité et de refus du profit.

Comment s'exerce la charité ?

S. B.-G. Reprenons l'exemple des différents systèmes de don du sang analysés par Titmuss. Son hypothèse a été soumise récemment à une tentative de confirmation en économie expérimentale[1]. L'introduction d'une rémunération monétaire réduit de moitié le nombre de donneurs. De manière intéressante, cette défection des donneurs est atténuée si on leur donne la possibilité de reverser l'argent perçu à une œuvre de bienfaisance. Ce résultat invite à réfléchir sur les motivations psychologiques qui sous-tendent les dons et les actes de charité publique. Une théorie plausible est de considérer les actes gracieux comme des signaux émis par leurs auteurs. Ces actes seraient ainsi secondairement intéressés. Le don du sang est un signal d'altruisme, au même titre que d'autres comportements civiques, qui tend à augmenter le caractère attractif et le prestige social des individus[2]. Selon cette approche, l'introduction d'une récompense monétaire rend plus difficile l'émission d'un signal d'altruisme, ce qui expliquerait la défection des donneurs en cas de rémunération des dons du sang. Cette même approche permet d'expliquer en même temps pourquoi la possibilité, dans un jeu expérimental, de reverser l'argent perçu pour un don du sang à une œuvre de bienfaisance diminue significativement

1. Voir T. Ellingsen and M. Johannesson, « Pride and Prejudice : The Human Side of Incentive Theory », CEPR, Discussion Paper No. 5768, 2007.
(http : //www2.hhs.se/ personal/Ellingsen/).
2. Pour plus de détails voir R. Bénabou, and J. Tirole, « Intrinsic and Extrinsic Motivation », *Review of Economic Studies*, 7, 2003, p. 489-520 et T. Ellingsen and M. Johannesson, *Trust as an Incentive Mimeo*, Department of Economics, Stockholm School of Economics, 2005.

le nombre des défections. L'idée est qu'à nouveau on réintroduit, voire on redouble, la lisibilité du signal d'altruisme émis.

D. D. Dans ce modèle, la charité est intéressée, voire stratégique.

S. B.-G. La stipulation des termes monétaires d'un contrat ou d'une transaction laisse peu de marge d'action aux individus. Ils remplissent le contrat, qu'ils le veuillent ou non. Ils n'ont guère l'occasion de s'exprimer. Je ne négocie pas le paiement d'un bien que j'acquiers. Je peux marchander, discuter, mais à la fin je paye, et la transaction est alors remplie, matérialisée. Il n'y pas d'autre message à faire passer. Un don n'est pas contraint. Il prend une forme contractuelle ouverte dans laquelle un individu peut laisser libre cours à sa générosité et moduler le message qu'il veut adresser aux bénéficiaires et aux témoins de son geste. Cette liberté d'expression dans le don est ce qui a précisément donné lieu à des tentatives de formalisation classiques, d'inspiration théologique, de la charité chez certains philosophes.

G. H. C'est le cas en particulier chez Maïmonide avec ses huit degrés de justice (*tzedakah*). Une des formes de « charité » les plus valorisées par ce penseur est le don anonyme à une personne non connue du donateur. La charité s'exerce par l'intermédiaire d'une personne ou d'une institution habituée à répartir de manière efficace et en bonne et due forme les dons qui leur sont remis. À l'opposé de ce qui est pour Maïmonide recommandable en matière d'exercice de la bienfaisance envers les pauvres se trouve le don de la main à la main sur la base de la compassion que susciterait chez le bienfaiteur la condition de l'individu dans le besoin. Si on reprend l'approche de la charité en termes de signal, on voit que l'anonymat et la discré-tion ne permettent pas sa diffusion publique et qu'il ne peut consti-tuer qu'une source de satisfaction intime. De plus, dans la mesure où le don à des institutions de bienfaisance est censé constituer une pratique obligatoire pour Maïmonide, le bénéfice du signal ou de la réputation est normativement frustré. La possibilité de l'altruisme stratégique (au sens d'un bénéfice d'image tiré par le bienfaiteur) est abolie et, d'une manière peut-être paradoxale, la codification de la charité rend celle-ci moins entachée d'un soupçon d'opportunisme.

S. B.-G. L'adoption de canaux anonymes de la charité peut être également considérée comme une vertu utilitariste. La connaissance du bénéficiaire de nos dons a parfois des conséquences socialement néfastes et peut confiner à la contre-productivité dans l'exercice de la bienfaisance. Un des biais que la psychologie sociale a mis en évidence, dans ce domaine, est l'effet de l'identification de la victime, quand il s'agit de mobiliser des sommes d'argent pour des victimes de catastrophes ou de famines, par exemple. Des organismes, des États, des œuvres privées cherchent à récolter des fonds en vue de porter secours à des millions d'enfants. Des campagnes publicitaires cherchent à susciter l'intérêt du public en vue de prendre des mesures de sécurité routière. Des crises sanitaires, dont le règlement bénéficierait d'un large soutien financier, sont portées à la connaissance du public. Toutes ces causes peuvent donner lieu à des formes variées d'intérêt et d'engagement, mais il n'en demeure pas moins que leur formulation générique et leur caractère anonyme nuit à leur financement. Le public montre un engouement compassionnel envers des victimes spécifiques et identifiables. Un bébé prénommé Jessica qui était tombée dans un puits au Texas a reçu plus de $700.000 de dons. Un enfant iraquien blessé au début du conflit a occupé les médias européens (on l'a peut-être oublié) et près de 500.000 euros ont rapidement été levés pour ses soins médicaux. $48.000 ont été levés pour permettre de sauver un chien à la dérive sur l'Océan Pacifique près d'Hawaï. Ces causes spécifiques tendent à montrer que l'identification de la victime – ce qu'on peut nommer sa « proximité morale » – induit le public à la compassion et à la générosité. À d'autres occasions, ce même public se montrera insensible et désengagé, en dépit du caractère critique des besoins en jeu. La générosité ou la charité sont donc des qualités très dépendantes des effets de présentation de la cause concernée.

G. H. Avant même d'entrer dans l'analyse de certains des mécanismes de dépendance de la générosité du public envers les modes de présentations des causes sur lesquelles on cherche à attirer son attention, on peut noter que ce biais d'identification de la victime va à l'encontre des remarques du philosophe utilitariste contemporain Peter Singer au sujet de la distance et de la proximité morales. On peut résumer ici l'argument de Singer dans son article classique de 1972 « Famine, Affluence, and Morality »[1]. Les quatre prémisses de l'argument en faveur de l'exercice à distance, et sans considération de distance morale variable, de la charité sont les suivants :

1) Le manque de nourriture, de logement et de soins médicaux est un mal.

2) S'il est dans notre pouvoir d'empêcher l'occurrence d'un mal, sans avoir à sacrifier quelque chose d'une importance morale comparable, alors nous sommes dans l'obligation morale de le faire. [Dans une version plus faible de cette prémisse, il propose ; « sans sacrifier par là quelque chose de moralement important », ce qui affaiblit nettement l'obligation morale subséquente].

3) Il est en notre pouvoir d'empêcher ce mal.

4) Nous pouvons l'empêcher sans rien sacrifier qui aurait une importance morale comparable.

Conclusion : nous devons empêcher le manque de nourriture et de logement. La seule façon de l'empêcher sans faire un sacrifice d'importance morale comparable est de donner maximalement (ou en tout cas beaucoup plus que nous ne le faisons actuellement) à la cause de la famine et de la pauvreté dans le monde.

S. B.-G. Cet argument de Singer qui se déroule selon une logique impeccable pose plusieurs difficultés. La première est qu'il fait de la charité une obligation morale. Elle l'était chez Maïmonide, mais pour des raisons normativement extrinsèques, et la conséquence en était alors un affaiblissement de l'interprétation de la charité en termes d'un bénéfice de réputation. Ici l'obligation morale découle de la simple prémisse qu'il est en mon pouvoir d'empêcher l'occurrence d'un mal. Si c'est en mon pouvoir, c'est également mon devoir. Cependant, le caractère apparemment intuitif de ce raisonnement dissimule mal la remise en cause qu'il requiert du schème moral traditionnel selon lequel la charité est généralement envisagée. La charité est vue, dans une perspective philosophique d'inspiration chrétienne, comme un acte surérogatoire, c'est-à-dire un acte moral positif, louable, qui se situe au-delà du devoir. La position de

1. P. Singer, « Famine, Affluence, and Morality » *Philosophy and Public Affairs*, 1, 1972, p. 229-243.

Singer oblige les individus à réviser cette vue traditionnelle de l'acte de charité.

D. D. Ne devrait-on pas contraster des types de situations ? Les actes de charité qui étaient traditionnellement considérés comme surérogatoires concernaient sans doute des dons à des personnes en état de pauvreté dont la survie n'était pas immédiatement menacée. D'ailleurs, on peut penser que si on mêle l'idée que la charité est un acte surérogatoire et que sa modalité est préférablement anonyme on arrive à une position cohérente qui permet de contourner le caractère déroutant de la position de Singer, à savoir le fait de rendre la charité une obligation morale.

S. B.-G. Cela rejoint précisément la seconde difficulté liée à la position de Singer. L'obligation morale provient d'une situation épistémique qu'il met au principe de toute chose : la connaissance, si ce n'est des victimes ou des nécessiteux, des besoins de ces personnes. De cette connaissance, une obligation morale découle, dans la mesure où elle ne contredit pas une obligation morale comparable. Le point philosophiquement délicat, dans la position de Singer, est cette transition, sur laquelle il faut réfléchir davantage, entre la sphère épistémique et la sphère morale. On peut connaître de manière générique des causes vis-à-vis desquelles exercer sa générosité, mais il semble que le sens d'une obligation morale à être généreux se trouve renforcé par la connaissance d'un besoin spécifique. On ne peut pas attribuer à Singer ce glissement, certes, car pour lui il n'y a pas de différence entre une connaissance générique (le fait de savoir que *des* personnes souffrent de la faim) et la connaissance d'une victime spécifique quant à l'obligation morale de secourir ces personnes. Il y a tout de même au départ, chez Singer, une modulation de l'obligation morale par l'état épistémique, de deux manières. En premier lieu, à partir du moment où l'existence d'une cause est connue, elle est source d'obligation morale. En second lieu, à partir du moment où je connais spécifiquement les besoins d'une victime et que je suis, par conséquent, en mesure de la secourir efficacement, mon obligation morale à son égard est renforcée. Mais un des traits remarquables de la position de Singer, dans son article, est que la médiatisation de la famine et d'autres besoins de victimes géographiquement distantes rend relativement caduque la différence entre connaissance générique et connaissance spécifique de ces besoins et de ces victimes.

G. H. La connaissance d'une cause spécifique, plus exactement le moment où elle est portée à la connaissance du public, semble cruciale dans la définition de l'obligation morale de bienfaisance. Ne risque-t-on pas d'orienter les fonds ainsi levés vers des solutions à court terme? Les pouvoirs publics n'ont-ils pas l'obligation morale supplémentaire d'éduquer le public à la prise en compte de perspectives à long terme qui seraient l'objet d'une bienfaisance plus efficace et pour lesquelles la connaissance n'est pas immédiate, voire demeure nécessairement imparfaite? Le rôle des pouvoirs publics, en vue d'une canalisation optimale des actes de charité, n'est-il pas, en somme, de desserrer partiellement le lien de motivation immédiate entre la connaissance d'une cause spécifique et le transfert d'argent pour cette cause?

S. B.-G. Ce souci d'éducation publique suppose un équilibre précis entre la canalisation des dons vers des causes qui les nécessitent le plus urgemment et la motivation du public à verser de l'argent pour ce genre de causes sur la base de la connaissance partielle qu'il en a. Nous avons mentionné le biais d'identification de la victime. La compassion dirigée peut constituer une entrave majeure à l'efficacité de la générosité du public, car la concentration d'importantes sommes d'argent sur une victime identifiée est inutile. Or, quand ils prennent la décision de donner de l'argent à une cause, les individus ne calculent généralement pas le bénéfice attendu de leur don. Ce choix de donner est réalisé de manière intuitive ou émotionnelle et, comme l'ont montré Small et Loewenstein, dans la mesure où une victime identifiée est susceptible de provoquer la compassion du public, des ressources excessives risquent d'être dirigées à son endroit, au détriment, de fait, de celles que l'on peut à rebours nommer les « victimes statistiques »[1]. La question que vous posez revient à demander si l'on peut apprendre à évaluer (en termes monétaires) la vie humaine de manière cohérente. Dans une approche utilitariste, un principe normatif fondamental est que

---

1. D. A. Small and G. Loewenstein, « Helping *the* Victim or Helping *a* Victim : Altruism and Identifiability », *Journal of Risk and Uncertainty,* 26, 2003, p. 5-16.

chaque vie (connue ou méconnue, proche ou lointaine) équivaut à toute autre. En revanche, il n'y a pas de réponse correcte aux questions de savoir quelle est la valeur d'une vie et combien il faut donner à une personne dans le besoin. Aussi, si l'on adopte comme point d'ancrage normatif cette perspective utilitariste, n'est-il pas exact de caractériser le biais d'identification de la victime comme consistant à donner *trop* à des victimes connues et *trop peu* à des « victimes statistiques », vu qu'on ne peut déterminer une telle valeur ou un tel seuil. Le biais consiste donc bien simplement à exercer de manière incohérente sa compassion. La correction de ce biais par une politique d'éducation du public soulève donc un problème intéressant : cette politique tendra-t-elle à augmenter la générosité envers les victimes anonymes ou à la diminuer envers les victimes identifiées ?

D. D. Cela dépend des facteurs psychologiques qui permettent d'expliquer le biais d'identification de la victime et du type de schémas de réflexion utilitariste qu'on voudrait leur substituer.

S. B.-G. On connaît certains de ces facteurs. Par exemple, dans des tâches d'estimation de la valeur de vies humaines, ou d'autres biens, les individus montrent une plus grande sensibilité aux proportions qu'au nombre absolu de vies en jeu[1]. Une catastrophe qui a fait dix victimes dans une communauté de deux cent personnes retient davantage l'attention que si l'on présente ces dix victimes relativement à la population d'un pays de plusieurs dizaines de millions d'habitants. L'utilisation spontanée de cette heuristique de proportionnalité peut s'expliquer précisément du fait qu'il n'y a pas de critère d'estimation absolue de la valeur d'une vie humaine. On ne projette pas un nombre absolu de vies humaines sur une échelle implicite de valeur, tandis que les ratios de vies perdues par rapport aux vies préservées peuvent donner lieu à des interprétations rapides et à un traitement quantitatif de surface sur une échelle numérique variant entre 0 et 100%. Ainsi un nombre absolu de vies humaines peut susciter moins de compassion qu'un nombre moindre en fonction de la taille du groupe de référence auquel ce nombre est

---

1. Voir J. Baron, « Confusion of Relative and Absolute Risk in Valuation », *Journal of Risk and Uncertainty* 14, 1997, p. 301-309.

comparé. Ce groupe de référence doit donc être psychologiquement saillant. L'application de cette heuristique de proportionnalité aux cas de charités exemplaires se concentrant sur un individu unique que nous avons évoqués plus haut permet d'en fournir une explication. Dans ces cas en effet, on peut dire que le groupe de référence est composé d'un individu unique. L'individu et le groupe se confondent et la proportion de vies à sauver est donc maximale. L'hypothèse pratique à retenir pour une politique publique d'incitation à des actes de charité raisonnée serait donc de jouer sur la saillance relative des groupes de référence lors de l'identification des bénéficiaires de ces actes.

D. D. On pourrait présumer, différemment, que c'est l'absence de groupe de référence, plutôt que la coïncidence de l'individu et du groupe de référence, qui suscite l'enthousiasme compassionnel dans les cas de charité extraordinaire vis-à-vis de victimes identifiées.

S. B.-G. Il reste en effet une sorte de différence qualitative entre une victime identifiable et une « victime statistique ». Small et Loewenstein ainsi que Kogut et Ritov ont démontré expérimentalement que les individus continuaient à donner davantage à une victime identifiée même lorsque l'on rendait saillant le groupe de référence[1]. L'effet d'identification était plus déterminant pour le transfert d'un don que l'utilisation de l'heuristique de proportionnalité. Dans l'une de ces études expérimentales un groupe de joueurs recevaient une dotation monétaire de départ. Une partie de ces joueurs est ensuite informée que les autres joueurs ont perdu leur dotation. On indique aux premiers joueurs que l'identité des victimes est connue ou alors est sur le point de l'être et on leur propose de reverser aux victimes une partie de leur dotation. On s'aperçoit que les dons aux victimes dont on dit, sans en révéler davantage l'identité, qu'elles ont été identifiées sont plus importants que les dons aux victimes qui restent à identifier. Le même effet se

1. D. A. Small and G. Loewenstein, « Helping *the* Victim or Helping *a* Victim : Altruism and Identifiability », *op. cit.* et T. Kogut and I. Ritov, « The Identified Victim Effect : An Identified Group, Or Just a Single Individual ? », *Journal of Behavioral Decision-Making*, 18, 2005, p. 157-167.

retrouve, non plus seulement à travers un jeu idéalisé, mais en grandeur nature. On a pu observer qu'une organisation non-gouvernementale qui propose de construire des logis pour des familles sans abri recevait plus de dons quand elle précisait que les familles avaient été sélectionnées que lorsqu'elle indiquait qu'elles seraient sélectionnées. L'acte de générosité est donc sensible non seulement à l'identification de la victime par le donateur, mais au fait que le bénéficiaire revêt déjà une identité spécifique plutôt qu'une identité générique, indépendamment de la connaissance spécifique qu'en a effectivement le donateur.

D. D. Les études sur la philanthropie mettent en lumière un effet quasiment inverse quand on se place du point de vue du donateur. De plus en plus de bienfaiteurs cherchent à conserver leur anonymat. Il y a une différence importante entre le don anonyme et la réception anonyme de ce don. Les situations ne sont pas symétriques. C'est le donateur qui peut décider de révéler ou non son identité. Il peut choisir d'adopter un style ou un autre de philanthropie pour diverses raisons pragmatiques ou morales. Le bénéficiaire d'un don n'a pas lui-même cette marge de manœuvre. L'anonymat est souvent revendiqué par les donateurs les plus riches et généreux comme la possibilité d'accorder une plus grande liberté aux institutions et aux individus qui reçoivent leurs dons[1]. Il s'agit d'éviter d'exercer une pression morale sur les bénéficiaires, ce qui a priori ne concerne que les dons importants et de fait on constate que ce sont les philanthropes les plus riches qui tiennent à préserver leur anonymat.

S. B.-G. Nous touchons ici à une des implications les plus existentiellement significatives du fait de disposer d'argent. Nous en parlons ici comme si chaque détenteur de patrimoine était un philosophe utilitariste en puissance capable à la fois d'envisager l'utilité de ses investissements et de ses dons et de réfléchir sur la transformation morale que cette manipulation de l'argent produit sur les autres et en lui-même. Il est fort probable que la relation personnelle à l'argent est en général beaucoup moins lucide, ou

1. Voir P. Schervish, « The Sound of One Hand Clapping : The Case For and Against Anonymous Giving », *Voluntas : International Journal of Voluntary and Nonprofit Organizations*, 1, 1994, p. 1-26.

alors qu'elle soit guidée par des schémas moraux alternatifs, non-utilitaristes. Carnegie et Rockefeller, les inventeurs de la philanthropie américaine moderne au début du XXᵉ siècle, étaient imprégnés de philosophie utilitariste. Un transfert d'argent, anonyme ou non, devait coïncider avec la possibilité de maximiser l'utilité ou le bien-être de la population. Dans cette perspective l'anonymat est cependant souvent revendiqué comme la possibilité d'observer les conséquences de ses actes de générosité sans les déformer par sa présence ou des effets de reconnaissance. C'est l'imprégnation du sujet par les conséquences de ses actes qui est source de transformation morale. Un philanthrope est quelqu'un qui n'est pas dépossédé totalement du pouvoir de son argent une fois qu'il l'a cédé. L'anonymat est une façon de savourer et de contrôler ce pouvoir. Ce trait de psychologie morale du don philanthropique et de l'investissement utilitariste forme sans doute une distinction phénoménologique fondamentale entre la richesse et la pauvreté.

Le problème des hauts revenus

S. B.-G. La crise économique récente a rendu le public sensible aux rémunérations jugées excessives des dirigeants économiques. Là encore, ce sont des jugements de condamnation morale spontanés qui prennent le dessus sur une discussion argumentée. Il y a des théories morales, économiques ou philosophiques qui permettraient d'encadrer la discussion. La question est de savoir si ces rémunérations sont en réalité légitimes.

D. D. Ces rémunérations ne sont pas laissées au hasard en effet. Plusieurs vagues de théories dans les années 1980 et 1990 ont tenté d'expliquer le niveau et les fluctuations de la rémunération des dirigeants. Michael Jensen et Kevin Murphy sont deux théoriciens du monde des affaires dont les travaux ont fait date sur la question[1]. Pour ces auteurs la rémunération des dirigeants d'entreprise peut se comprendre dans les termes classiques d'une relation d'agence,

---

1. M. C. Jensen and K. J. Murphy, « Remuneration : Where we've Been, How we Got to Here, What Are the Problems, and How to Fix them », *European Corporate Governance Institute, Finance Working Paper*, n°44, 2004.

c'est-à-dire d'un contrat par lequel une personne ou un groupe de personnes (le principal) engage une autre personne (l'agent) pour exécuter en son nom une tâche quelconque. À travers ce contrat le principal délègue un certain pouvoir à l'agent. Toute relation contractuelle donne lieu à une problématique d'agence comprenant des intérêts potentiellement divergents et à une asymétrie d'information entre les parties. Cette divergence d'intérêts et cette asymétrie ont un coût qu'il s'agit de minimiser en vue du meilleur rendement de la société, si on se place dans le cadre d'une société. Le principal – ici concrètement les actionnaires de la société – ne contrôlent donc pas l'ensemble des décisions prises par l'agent – le dirigeant de la société. Bien que le dirigeant soit normalement plus qualifié que les actionnaires pour prendre les mesures génératrices de valeur pour la société, des conflits, liés à des accès asymétriques à l'information, peuvent s'ensuivre entre les deux parties. Les actionnaires auront donc tendance à favoriser des moyens indirects d'exercer un contrôle sur le dirigeant de la société. Ce moyen de contrôle consiste dans la politique de rémunération des dirigeants. À travers elle, le principal cherchera à aligner les intérêts de l'agent sur les siens.

S. B.-G. La rémunération d'un dirigeant d'entreprise est multiforme : salaire fixe, stock-options, primes et bonus, divers avantages. De plus, même si l'actionnaire peut exercer des pressions sur ces différentes sources de revenus, voire obtenir le licenciement d'un dirigeant, ce dernier perçoit à son départ une indemnité ou un « parachute doré » qui réduit fortement la pression exercée à son endroit.

D. D. Cette indemnité constitue une assurance qui va effectivement à l'encontre de la pression exercée par le principal (l'entreprise). Aussi une méthode plus efficace, pour le principal, serait de faire davantage reposer la rémunération du dirigeant sur une plus grande détention d'actions et de stock-options, transformant le dirigeant en actionnaire. Mais ce n'est généralement pas ce que l'on constate. La réserve qui s'exprime le plus souvent à l'égard de cette solution est qu'une trop grande corrélation entre la rémunération du dirigeant et les performances de l'entreprise reviendrait à vendre l'entreprise au dirigeant, ce que les actionnaires ne sont évidemment pas prêts à faire. Toutefois des études systématiques menées dans les années 1990 par Hall et Liebman montrent qu'il y a en revanche une corrélation entre la performance de l'entreprise et le volume d'actions ou de stock-options que détiennent ses dirigeants [1].

S. B.-G. Cette approche repose sur l'idée, assez naturelle, que la rémunération d'un dirigeant d'entreprise n'est pas arbitraire, qu'il est rémunéré en fonction du résultat de ses actions propres. Or, cette idée naturelle est remise en cause par certains économistes. En particulier, Bertrand et Mullainathan pensent que les grands patrons sont payés en fonction de fluctuations aléatoires du marché et que leurs fortes rémunérations sont donc dues à la chance [2]. Plus précisément, Bertrand et Mullainathan montrent que les rémunérations basées sur les stocks options ne peuvent revêtir un véritable caractère incitatif et résoudre les problèmes d'agence entre actionnaires et dirigeants parce qu'ils dépendent de chocs macroéconomiques qui sont complètement hors de portée de l'action des dirigeants. Pour ces auteurs, par conséquent, il est inutile de chercher à motiver les dirigeants en fonction de leur performance dans la mesure où le risque entrepreneurial est trop intimement lié à une économie de marché concurrentielle en grande partie imprévisible. On ne peut donc abolir complètement l'aléa moral qui caractérise le problème principal-agent de la rémunération des dirigeants économiques en indexant cette rémunération sur la performance des dirigeants, du fait même de la nature de leur champ d'intervention économique.

D. D. Le message vis-à-vis de l'opinion peut être désastreux, dans la mesure où l'on sait bien que les différences de salaires dans la population, ou au sein d'une entreprise, sont le terrain privilégié de l'expression de jugements concernant la justice distributive. Si une rémunération, perçue comme excessive, est due à la chance, elle doit être justifiée par l'attribution d'un talent exceptionnel, c'est-

---

1. B. Hall and J. B. Liebman, « Are CEOs Really Paid Like Bureaucrats? », *Quarterly Journal of Economics*, 113, 1998, p. 653-92.
2. M. Bertrand and S. Mullainathan, « Are CEOs Rewarded for Luck? The Ones without Principles Are », *Quarterly Journal of Economics*, 2001, 116, 2001, p. 901-932.

à-dire d'une chance d'un autre ordre que les aléas du marché, au bénéficiaire de cette rémunération.

S. B.-G. Ce qui revient à mettre les dirigeants d'entreprise sur le même plan que les grands artistes ou les grands sportifs. Mais la question est de savoir s'il est vraiment raisonnable de chercher à justifier la rémunération extraordinaire de certaines « superstars » de l'art, du sport ou des affaires, sur la base de leur talent exceptionnel. Sherwin Rosen, un économiste de Chicago, a posé le problème en des termes très simples. Un nombre relativement restreint d'individus perçoit des sommes d'argent gigantesques et dominent le champ culturel ou économique auquel ils appartiennent[1]. Or, le phénomène difficilement compréhensible concernant la rémunération des superstars, est que ces dernières ne sont pas dix fois plus talentueuses que les artistes ou les sportifs qui se situent juste au-dessous d'elles dans l'échelle de la notoriété, mais qu'elles gagnent bien plus de dix fois plus qu'eux. Si un chirurgien sauve dix pour cents de plus de vies qu'un autre, on acceptera peut-être de payer dix pour cent de plus pour être opéré par ce chirurgien habile. Cette augmentation proportionnelle n'est pas préservée dans les domaines qu'étudie Rosen pour lesquels une faible différence de talent peut correspondre à un écart très considérable de rémunération.

D. D. Supposons, comme le fait le modèle de Rosen, que les talents des artistes soient mesurables et comparables. Il suffit, toujours selon ce modèle, que le talent d'une star, disons un chanteur lyrique, soit marginalement supérieur, par exemple de 5%, aux autres chanteurs lyriques pour qu'il soit mieux classé par le public et que ses ventes dépassent de bien plus de 5% ses compétiteurs immédiats.

S. B.-G. Le problème est que le modèle de Rosen ne peut pas satisfaire les jugements intuitifs de justice salariale. La question n'est pas seulement qu'un faible écart de talent se propage en un fort écart de rémunération, le problème plus profond, comme l'a mis en évidence l'économiste Moshe Adler, est qu'on n'a pas besoin de ce

---

1. S. Rosen, « The Economics of Superstars », *American Economic Review*, 71, 1981, p. 845-858.

différentiel initial de talent pour rendre compte de l'écart des rémunérations entre ceux qui se trouvent au sommet de la hiérarchie
symbolique d'un domaine et les successeurs immédiats au sein de
cette hiérarchie[1]. Adler décrit un processus d'apprentissage au cœur
du phénomène des superstars. L'apprentissage est important en art
car la consommation artistique peut être considérée comme addictive, en ce sens que l'utilité marginale de la consommation de l'art
augmente avec la capacité à apprécier l'art, qui est elle-même
fonction de sa consommation passée. Au cours de ce processus de
consommation, un certain capital culturel est accumulé dont l'utilité
de la consommation s'accroît au cours du temps. Ce processus de
consommation et d'utilité croissante endogène ne concerne pas l'art
en général, mais des formes spécifiques d'art et mêmes des artistes
en particulier. Une fois que le goût est fixé sur un artiste ou sur un
petit ensemble d'artistes, il est commode d'en parler et si possible de
converger sur le même sous-ensemble d'artistes. Étant donné qu'il y
a un coût d'opportunité non négligeable à rechercher des interlo-
cuteurs qui partagent le même goût, la convergence conversation-
nelle et esthétique s'opère naturellement autour de certaines stars.
Une star naît parce qu'au départ il se trouve qu'un plus grand
nombre d'individus connaissent et reconnaissent un artiste plutôt
que d'autres artistes de talent possiblement égal et ce du simple fait
que la communication s'est établie initialement sur cet artiste. Ce
phénomène est auto-renforçant car ce même artiste sera celui qui
aura la plus grande chance de faire partie de la construction du
capital culturel opérée par les nouveaux entrants de ce jeu de partage
culturel conversationnel et donc toutes les chances de devenir une
superstar indépendamment d'un talent, même minimalement,
supérieur.

G. H. Ces rémunérations parviennent-elles à satisfaire l'une
ou l'autre des deux grandes sortes de systèmes moraux à l'aide
desquels nous approchons les questions de justice distributive ?
L'un de ces systèmes porte sur ce à quoi on a droit, ce qu'on est

---

1. M. Adler, « Stardom and Talent », *American Economic Review*, 75, 1985, p. 208-212.

habilité à obtenir (Nozick le désigne du terme de « *entitlement* »[1]).
Vous avez été lésé, vous avez droit à des dommages. L'autre
système est méritocratique. Si je prends un pari d'un euro sur un
lancer de dé et que je gagne ce pari, j'ai droit à cet euro, mais je ne le
mérite pas. Ce que l'on mérite est lié à ce que l'on peut contrôler. Le
problème que ne parvient pas à régler l'approche contractualiste, en
termes de principal-agent, de la rémunération des dirigeants
d'entreprise, et qui est a fortiori criant dans le cas de la rémunération
des superstars du spectacle quel que soit le modèle économique
qu'on en propose, est que ces détenteurs de rémunérations fortes
ne les méritent pas, parce qu'elles dépendent de facteurs incontrôlables. De plus, il est difficile de trouver un argument qui amènerait
à affirmer qu'ils y ont droit.

S. B.-G. Si l'on retire tout ce qui est hors du contrôle d'un
individu (les gènes, l'héritage culturel et financier, l'éducation dans
la petite enfance, le lieu de naissance, l'époque de naissance, etc.), la
base sur laquelle exprimer un jugement de mérite devient extrêmement fine. Le problème est de faire de ces facteurs exogènes des
éléments d'explication, voire des causes, des actions des individus,
alors qu'il est possible d'isoler les actions hors de ce schéma explicatif et de ce réseau de causes apparemment déterminantes. La position égalitariste qui s'appuierait, de manière assurément intuitive,
sur le fait qu'il est presque impossible d'attribuer un plus grand
mérite à un individu qu'à un autre du fait du poids théoriquement
conféré à un ensemble de faits incontrôlables dont on estimerait
qu'ils expliquent les actes présents des individus, est une position
qu'on peut juger socialement contre-productive. Dans une société
où les motivations et les compensations financières ne dépendent
pas réellement des actions individuelles, le risque est que les incita-
tions à l'honnêteté, la productivité ou la solidarité soient fortement
affaiblies. Cette objection à l'égalitarisme basé sur un mérite
uniformisé ou plutôt sur l'absence de fondement pour un mérite
différencié peut sembler peu satisfaisante à beaucoup d'entre nous.

1. R. Nozick, *Anarchy, State, and Utopia*, New York, Basic Books, 1974 ; trad. fr. par
E. d'Auzac de Lamartine, *Anarchie, État et utopie*, Paris, P.U.F., 2003.

Elle conduit à favoriser un juste calcul des inégalités permises dans la société. Chaque différence dans la rémunération doit alors être justifiée par son efficacité sociale, par l'augmentation de la productivité qu'elle est susceptible de générer. On peut noter, en passant, que cette position contredit une intuition très répandue dans la population, comme nous l'avons indiqué dans la discussion des anomalies comportementales liées à l'argent, à savoir que l'on voit la richesse générale comme un gâteau à répartir de manière statique entre un ensemble d'individus, au lieu de considérer que des inégalités dans le partage sont potentiellement source de multiplication de la taille du gâteau, et donc d'augmentation de sa propre part.

G. H. Une autre possibilité conceptuelle est de rejeter totalement cette vision méritocratique et cet arbitrage entre équité et efficacité et d'adopter le schème moral alternatif de Nozick dont l'élément central est le droit légitime à la propriété, à la richesse, indépendamment des questions de mérite. Un héritier ne mérite pas son héritage, mais il lui est accordé volontairement par quelqu'un, et cela suffit à le rendre légitime. Mais le risque est évidemment de voir s'opérer une concentration ou tout au moins une perpétuation systématique des richesses dans quelques familles ou dynasties, ce qui ne peut pas satisfaire du tout nos intuitions de justice sociale. Nozick propose à cet égard une solution peut-être intéressante. Tout en reconnaissant la valeur morale du legs et de l'héritage (léguer quelque chose à quelqu'un témoigne du soin qu'on a de lui et de son futur), il est clair qu'à la longue le legs original est transmis à une génération d'héritiers qui n'a pas de lien affectif direct avec le détenteur originel éventuellement méritoire du bien légué. Une solution serait de déduire des héritages transmis par les individus la valeur de ce qu'eux-mêmes ont reçu en héritage. La transmission ne s'opérerait que sur la valeur ajoutée à l'héritage initial.

S. B.-G. Cette solution présente l'avantage de concilier mérite et transfert légitime de propriété ou de richesse. Il n'empêche que la richesse et la pauvreté continueront d'être perçus, à tort ou à raison, comme le fruit de la chance ou de la malchance morales. La réflexion philosophique et psychologique future devra s'interroger sur les implications identitaires de la relation à l'argent. Il semble évident que l'argent n'est pas un simple instrument, mais pas non plus un simple symbole. Nous avons des raisons de penser qu'il consiste en un ensemble de pouvoirs causaux à même d'opérer des transformations morales collectives et individuelles, telles que les sociologues de l'économie les étudient de manière privilégiée.

CONCLUSION

La possession de l'argent est un fait moralement ambivalent. Il nous permet d'imaginer et d'organiser le futur, de relier le présent au futur, de réaliser notre nature d'êtres projectifs et intentionnels. Mais l'accumulation de l'argent pour lui-même est de son côté perçue comme un vice, voire une pathologie. Prétendre sécuriser l'avenir en thésaurisant excessivement peut être vu comme une déviation de notre relation constructive au futur et l'entretien d'un présent morbide. Cette ambivalence de l'argent n'a pas été mise en évidence par la psychanalyse mais constitue plus exactement l'arrière-plan philosophique de la pensée de Keynes sur la monnaie, comme en témoignent ces remarques célèbres de la *Théorie générale de l'emploi, de l'intérêt et de la monnaie* : [l'or (l'argent, la monnaie)] « est un procédé subtil permettant de relier le présent au futur (…) L'homme "intentionnel" tente toujours d'assurer à ses actions une immortalité factice et illusoire en projetant dans l'avenir l'intérêt qu'il leur porte. (…) La confiture n'est pour lui de la confiture qu'à condition qu'il envisage d'en faire demain plutôt que le jour même. Ainsi, en remettant sans cesse à plus tard l'acte de la faire bouillir, s'efforce-t-il de lui assurer quelque immortalité. » [1].

L'argent est ici associé à l'idée de faire durer ses désirs, de les étaler dans le temps. Il est le support de nos projections. Il participe même de ce qui est souvent conçu comme une anomalie comportementale mais qui révèle ici sa fonction : la procrastination. En remettant au lendemain la réalisation de certains désirs ou besoins,

---

1. J. M. Keynes, *Théorie générale de l'emploi, de l'intérêt et de la monnaie*, Paris, Payot, trad. par Jean de Largentaye, 1936, ; 1942, p. 116

je me convaincs de mon existence demain, et j'agence mentalement les événements de ce futur qui en devient subjectivement plus certain. Cette relation superstitieuse à l'argent a son revers, exprimé également par Keynes dans son essai *Economic Possibilities For Our Grandchildren* : « L'amour de l'argent en tant que possession – par opposition à l'amour de l'argent en tant que moyen de profiter des plaisirs et des réalités de la vie – sera reconnu pour ce qu'il est, à savoir un état morbide quelque peu dégoûtant, l'une de ces inclinations à demi criminelles, à demi pathologiques, que l'on adresse avec effroi aux spécialistes de la santé mentale »[1].

Ces remarques sur la possession et la rétention de l'argent ne se comprennent bien, dans une approche comme celle de Keynes, que si on les met en rapport avec l'incertitude relative au futur. L'incertitude prend des formes diverses et Keynes, qui a théorisé ces formes d'incertitude, fonde sur elles sa théorie de la monnaie. La décision d'investir tombe nécessairement sous une forme ou une autre d'incertitude, c'est-à-dire sous un degré de connaissance plus ou moins complet concernant le futur. Je peux avoir des informations (comme pour un lancer de dé) sur les chances que mes attentes se réalisent, mais je peux aussi n'avoir aucune idée de ces chances (par exemple je ne peux pas connaître la probabilité de tirer une boule jaune dans une urne qui contient des boules colorées dont on ne m'a pas dit si elle contenait effectivement des boules jaunes) ou je peux avoir une idée approximative, ambiguë, de cette probabilité (si on m'a dit qu'il y avait des boules jaunes dans cette urne, sans me préciser combien). Les économistes post-keynésiens ont pris l'habitude de ramener à deux types essentiels d'incertitude les attentes des agents économiques dans le monde réel. Paul Davidson, en particulier, distingue les processus ergodiques, pour lesquels une distribution de probabilités futures peut être évaluée sur la base d'une série statistique passée, et les processus non ergodiques, pour lesquels l'agent économique reste dans un état d'incertitude radicale[2]. Le futur n'étant pas systématiquement – dans le monde économique –

1. J. M. Keynes, « Economics Possibilities for our Grandchildren » (1930), in *Essays in Persuasion*, New York, W. W. Norton & Co., 1963, p. 358-373.
2. Voir P. Davidson, *Post Keynesian Macroeconomic Theory*, Aldershot, Edward Elgar, 1994.

le reflet statistique du passé, l'agent économique doit tenter de réduire cette incertitude.

Dans un monde incertain, non ergodique, les contrats monétaires (qui réduisent l'incertitude concernant les valeurs futures des variables nominales indiquées dans ces contrats) et la préférence pour la liquidité sont les recours typiques des agents économiques pour se rassurer. La monnaie est le moyen de liquider les engagements mentionnés nominalement dans les contrats, dont le rôle est de transporter le pouvoir d'achat à travers le temps. La préférence pour la liquidité croît quand les agents économiques sont engagés dans des obligations contractuelles et que la confiance dans le futur diminue. La décision de détenir de l'argent liquide est, dans cette vision keynésienne, directement associée à leur incertitude concernant l'avenir.

Cette intuition constitue un arrière-plan pour les discussions moins fondamentales que nous avons menées. Nous avons pointé des pratiques et des attitudes vis-à-vis de l'argent qui, *in fine*, prennent du sens si on garde à l'esprit le lien entre monnaie, incertitude et temps. Dans le chapitre 12 de la *Théorie Générale*, Keynes souligne l'horizon temporel limité des prises de décision des agents économiques. Il souligne de plus l'asymétrie épistémique essentielle entre le passé et le futur : notre connaissance du passé ne peut former un point de départ suffisant pour émettre des propositions prospectives. Les prédictions économiques sont par nature entachées par cette limite épistémique et doivent elles-mêmes être considérées dans le sens d'un effort performatif pour renforcer la confiance dans le fonctionnement de l'économie. C'est à ce moment qu'il insiste sur le fait que la monnaie est un lien entre le présent et le futur. La monnaie est donc avant tout un moyen de réduire l'incertitude, de substituer à la confiance fluctuante et imparfaite que nous avons dans l'issue future de nos investissements, un artefact dans lequel nous projetons notre confiance.

En termes théoriques, notre pratique de l'argent est ainsi déterminée par deux directions temporelles qui, pour certains théoriciens keynésiens, correspondent au choix d'une des fonctions fondamentales de la monnaie. On peut par exemple fixer son attention sur le moment où l'on préférera, par incertitude, liquider un contrat. On se projette alors dans un temps dans lequel la monnaie est avant tout un moyen final de paiement. Mais la monnaie peut être aussi considérée comme un dépôt de valeur, ce qui rejoint le caractère patrimonial de l'argent qui a été au cœur de nos discussions. Quelle que soit la nature de la monnaie sur laquelle on préfère mettre l'accent, celle-ci peut être considérée comme le lien macroéconomique à travers lequel des unités microéconomiques s'efforcent de résorber leur incertitude quant au futur. En tant que telle, la monnaie, bien qu'elle soit d'un maniement quotidien, est affectée de l'incomplétude et des biais qui affectent typiquement la représentation des dispositifs et des concepts macroéconomiques. Nous nous sommes attachés à décrire certains de ces biais dans la pratique quotidienne de l'argent.

Si on peut dire que la détention elle-même de l'argent est, d'une certaine manière, la première des anomalies comportementales, ce lien entre le présent et le futur que l'on cherche à établir à travers la détention monétaire, et qui caractérise, selon Keynes, l'essence de la monnaie, rattache également l'analyse des comportements liés à l'argent à la question de l'identité personnelle. La relation à l'argent est sans doute l'un des traits observables les plus révélateurs de l'image qu'un individu a de son soi futur. Il ne s'agit pas simplement de contraster des personnalités ou des traits de caractères, mais bien des conceptions privées de la continuité de l'individu. C'est aussi pourquoi les questions d'héritage et de patrimoine sont philosophiquement importantes et qu'elles débordent nécessairement, comme l'avait bien compris Nozick, les seules questions de justice distributive et de taxation. L'argent hérité ne fait pas que perpétuer d'une génération à l'autre le nom et la réputation d'une famille, il est bien hérité lorsqu'il consiste en la transmission d'une certaine conception du futur. Le mouvement philanthropique américain classique, dans un élan de volontarisme utilitariste, avait cherché à généraliser, au-delà des liens dynastiques privés, et si possible à des populations entières, cette idée que l'argent transforme et modèle les identités personnelles. C'est également la philosophie implicite des gestionnaires de fortune.

L'économie comportementale a pour vocation d'intégrer des facteurs psychologiques pertinents au sein des modèles de rationalité standard de l'économie afin de rendre compte des comportements qui forment des déviations systématiques par rapport à ces modèles. On a appelé ces déviations des biais ou des anomalies, et nos attitudes par rapport à l'argent en fournissent de nombreux exemples. Le statut théorique de ces biais est contesté et le débat autour de cette question désormais bien connu[1]. Deux positions principales s'opposent. On peut affirmer, d'une part, que ces biais constituent bien des déviations par rapport à la rationalité mais que les agents ont des raisons – qui échappent à cette rationalité standard, conçue généralement de manière instrumentale – pour se comporter comme ils le font. Si ce ne sont des raisons, ce sont au moins des heuristiques qui sous-tendent ces biais et bien que celles-ci puissent conduire à des résultats anomaux, elles n'en constituent pas moins en général des recours utiles pour l'agent. On peut soutenir, d'autre part, face aux biais, la position selon laquelle ils ne constituent des anomalies comportementales qu'au regard d'une conception de la rationalité et d'une méthode de mise en évidence des comportements dits anomaux qui ne peuvent rendre justice de leur fonction éventuellement adaptative. Ce que l'on décrit comme des anomalies constitue peut-être un ensemble de stratégies adaptives optimales au sein d'un environnement économique complexe. La diversification excessive des portefeuilles dans les stratégies financières naïves de certains agents conduit la plupart du temps à des résultats sous-optimaux, mais elle peut s'expliquer lointainement par le fait que nous avons très tôt diversifié nos moyens de survie, en particulier nos sources nutritives, afin de pouvoir évoluer dans des environnements très différents les uns des autres[2]. D'autres anomalies affectant notre relation à l'argent ne font pas l'objet d'hypothèses explicatives aussi immédiates. Si l'on prend l'exemple de l'illusion monétaire, c'est-à-dire le fait que l'on tende à s'attacher davantage à la valeur nominale de l'argent qu'à sa valeur réelle, à son pouvoir d'achat – les aspects éventuellement adaptatifs de cette anomalie sont moins évidents, même si nous en avons proposé un cadre explicatif. Mais de manière générale, en discutant

1. Pour un état récent de la question, on peut se reporter, par exemple, à S. Bourgeois-Gironde et R. Giraud, « Le tournant cognitif en économie de la décision et des comportements », dans B. Walliser (éd.), *Economie et Cognition*, Paris, Ophrys, 2008.
2. Voir P. Rozin, « Food is Fundamental, Fun, Frightening, and Far-Reaching », *Social Research*, 66, 1999, p. 9-30 et C. Fischler, *L'Homnivore*, Paris, Odile Jacob, 1990.

de nos pratiques de l'argent, nous ne pouvons surestimer l'héritage de l'évolution.

L'argent est le support permanent de réactions morales. Les salaires, les prix, les transactions, la richesse ou la pauvreté, les taux d'intérêt, les placements financiers sont l'objet d'évaluations morales spontanées, la plupart du temps de réactions stéréotypées et viscérales. L'impact de l'évolution est ici aussi prégnant. Le dégoût que nous pouvons ressentir face à la répartition inégale d'une somme d'argent, dans un contexte où nous pourrions nous attendre qu'un principe d'équité s'applique, n'est pas à prendre dans un sens figuré. C'est également une réaction biologique, similaire à celle que provoque le dégoût physique, et le dégoût moral joue sans doute, comme le dégoût oral, un rôle de préservation de l'intégrité des personnes. Les réactions morales exercent des contraintes sur les marchés. Les transactions d'organes sont prohibées dans de nombreux pays sur la base essentiellement de la répugnance morale qu'elles suscitent, et non pas parce qu'il n'est pas possible de fixer un prix pour un rein sur un marché potentiel. Selon ces dispositions morales, certains biens ne sont pas assimilables à des marchandises, certaines relations humaines ne sont pas estimables en termes monétaires, sans quoi elles perdraient précisément leur qualité de relations humaines.

Il reste encore, aujourd'hui, à articuler de manière plus complète une conception de l'argent, voire de la monnaie, qui équilibrerait les conflits entre les différentes réactions morales et comportementales que suscitent l'évocation et, a fortiori, le maniement de l'argent. Les conflits ne se situent pas simplement entre égoïsme et altruisme, ou entre émotions d'accumulation et ressentiment ou envie. Il y a en effet, d'un côté, cette question de la justice et de l'équité, et des réactions affectives qui leur sont associées, qui a été longuement approfondie par les philosophes, les économistes, et, récemment, par les philosophes et économistes expérimentaux. Mais le problème de l'argent porte aussi sur un conflit d'ordre supérieur entre, d'une part, les questions de justice distributive et, d'autre part, les questions du pouvoir transformateur de l'argent. C'est ce conflit qui est visé quand on cherche à équilibrer entre, d'un côté, une réparti-tion des ressources la plus juste et, de l'autre, l'efficacité générée par certaines inégalités qui, du fait de cette efficacité de principe, deviennent alors moralement acceptables. Ces deux versants – équité et efficacité – coexistent dans notre représentation de l'argent et contribuent, en sus des facteurs biologiques et cognitifs que nous avons eu l'occasion d'évoquer, à son polymorphisme cognitif et à sa difficile appréhension morale.

TABLE DES MATIÈRES

INTRODUCTION 7

RÉALITÉS INSTITUTIONNELLES.. 11
    Monnaie et argent.. 11
    La fiction de la monnaie *fiat*.. 15
    Argent et valeur.. 21
    Searle et l'argent comme fait social.................................... 23
    Un thème simmellien : argent et inquiétude 28
    Argent, patrimoine et émotions 32

ANOMALIES COMPORTEMENTALES... 39
    Argent et états hédoniques.. 39
    Le caractère polymorphe de l'argent................................... 45
    Une théorie cognitive synthétique : l'argent comme outil ou
        comme drogue 52
    Le paradoxe de la comptabilité mentale 61
    La perception de la valeur monétaire.................................. 68
    L'argent, dès l'enfance 76

INTUITIONS MORALES 83
    La corruption peut-elle être moralement efficace ?.............. 83
    Dans quelle mesure l'exploitation est-elle moralement
        condamnable ? 91
    La répugnance morale comme contrainte sur le marché 106
    Comment s'exerce la charité ? 120
    Le problème des hauts revenus 129

CONCLUSION.. 137

TABLE DES MATIÈRES 144

Imprimerie de la Manutention à Mayenne (France) – Novembre 2009 – N° 274-09
Dépôt légal : 4e trimestre 2009